フトマニ歌占い

アマテラスがまとめた日本最古の占術

原田峰虎

はじめに

謎の縄文占い

占いといえば、古代オリエントか中国が源泉だと思い込んでいませんか。星占いや、四柱推命や、あるいはタロットや易診断など、今でも熱心に愛用される「占い」は、古代オリエントや中国が発祥の地で、神秘の水源だと普通は思いますね。日本にある占いは、全部みんな他の国からの「舶来知識」だとするのが、今の常識。だって、すべての占いの奥底には暦や宇宙観の哲学があるのだから、「古代文明の先進地」でなければ誕生できないはずだし、と思いますよね。

でも、実は違ったのです。日本には日本独自の、しかも縄文の昔から大切にされてきた「フトマニ占い」があったのです。

「フトマニ」って、ああそれは「太占」と書く、亀の甲羅や鹿の肩骨を焼いて占う原始的な呪いみたいなあれだよね、と早合点しないでください。それも違うのです。

その謎の縄文占いは、縄文の日本人が感じていた世界観、宇宙観、天文や暦の知識に基づいて組み立てられた、不思議な、「歌占い」だったのです。

学問の神様も知っていた

怨霊パワーがとてつもなくスゴいと、平安時代の貴族たちをふるえあがらせた菅原道真公という方がいます。生前に従二位右大臣という高位にまで上った学者であり政治家でもある貴族ですが、讒言（ざんげん）がもとで九州の太宰府へ左遷され、死後は怨霊と化したとされる人物です。

でも、現在は「天満天神」として信仰され、学問の神様として親しまれて、受験シーズンには受験生やその親御さんたちが、「天神さま」を祀る神社へ群がります。熱心にお願い事を絵馬に書いてお参りしていらっしゃいます。公は教養ある漢詩人でもありましたが、小倉百人一首や数々の勅撰集に取り上げられる和歌の歌人でもありました。

この菅原道真公は、どうやら「フトマニ占い」を知っていたようなのです。

「東風（こち）吹かば にほひおこせよ 梅の花 主（あるじ）なしとて 春を忘るな（春な忘れそ）」

という有名な和歌は、まさしく「フトマニ占い」の筬歌（めどうた）のひとつを「本歌取り」した歌なのです（69ページ「あきに」の歌「天来（き）にとは 東風（こち）に氷（ひ）も溶け 罪逃がる 告ぐ御心（みこころ）の春ぞ来にける」）。

「本歌取り」とは、和歌の意味に深みを持たせるために、過去の歌人が詠んだ有名な歌を一部借りて詠むという手法です。表面に描く情景だけでなく、隠された想いをそこに秘す高度な歌詠み作法です。菅原道真公は、不遇な境遇に希望を「秘し」て、フトマニ笠歌を本歌取りして真情を詠み上げたのです。菅原公は、「フトマニ占い」を知っていたのです。

陰陽師のルーツがここに

暦や占術といえば、日本には「陰陽師」と呼ばれるプロフェッショナルたちが活躍していた時代がありました。みんな大好き安倍晴明さんの登場です。

安倍晴明さんは母が実は白狐だったとか、奇妙な伝説を残す謎の人物です。彼がカモ一族から教えを受けたという「陰陽道」。この陰陽道には、暦学や天文学、呪術に医学や薬学など、様々な知識を自由自在に組み込んだ秘儀秘教がありました。そのルーツとしては古代中国からの「舶来新知識」がある、というのが通説なのですが、これも怪しいのです。

安倍晴明の師匠だったカモ一族とは、古代日本の名族の一つなのですが、山岳宗教の修験道の祖とされる役行者こと役君小角もこの流れの人物です。そしてそこには、律令時代に封じ込められていた、日本古来の秘儀秘教が伝わる地下水脈があったのでした。その地下水脈で師弟相伝にて継承された「陰陽哲学」は、古代中国とはまったく別の、日本独自の陰陽思想であったのです。その根源に、この「フトマニ」(正確には「モトアケ」という名の通称フトマニ図)が、どうやら隠されていたのです。

時の占いと局の占い

占いには、星座占いや四柱推命のようにその人物が生まれた日時と、その時の暦の巡りから判断する「時の占い」と、タロットカードや易断のような、その時のその判断に対する「天意」を占う「局の占い」があります。

今どうしたら良いのか、この決断は正しいのか、良くないのか。迷った時に「私意」を無にして占術師が「天意」を下らせて考察するのが、「局の占い」です。「コインの裏表で決めよう」などと硬貨を投げるのも「局の占い」の一種です。

イエスかノーか、であれば簡単なのですが、タロットや易断は、

・今は、どういう状態にあって

・何が原因でこうなっているのか
・どうすれば上手く解決できるのか

などといった事柄を、出てきた「卦（け）」の意味を読みとることで、解読します。

「フトマニ占い」もそれと同じ「局の占い」であり、陰陽哲学に基づいた宇宙観、世界観が根底にあるので、様々な事象を読み取り、占うことができます。

ホツマツタヱの奥伝がここに

この「フトマニ占い」は、『ホツマツタヱ』という名の古代文書と同じ運命を背負った、秘密の文書です。『ホツマツタヱ』は、日本書紀や古事記の原典ともされ、縄文時代にさかのぼり、私たちの国である日本国の成り立ちと歩みを伝える歴史物語文献です。

『ホツマツタヱ』を読み解くと、今までは解明できなかった神社の謎や、今に伝わる伝統的な習俗の謎や、神々の系譜の謎が、いとも明瞭に理解できるようになります。その中に秘められた叡智や教訓は、私たち日本人が何気なく身につけていて、世界中から注目され評価される美徳の源泉であることに、目から鱗が落ちる思いがします。

その『ホツマツタヱ』の「奥伝」ともいえる存在が、まさにこの「フトマニ」です。

何故なら、私たち日本人すべての「祖神」とも申すべき至上聖上なるご存在が、崇高な目的を持って自ら編纂されたと伝わるのが、この「フトマニ」だからです。「奥伝」ゆえに解釈も難解で、なかなか吉凶判断の整合性を取ることができなかった「フトマニ」。『ホツマツタヱ』の再発見から半世紀の月日の中で様々な解釈が重ねられ、ようやくその神秘を解く「鍵」が見えてきたのです。

面倒な解説は飛ばしてウタ解説直行もOK

本書では、この奥伝「フトマニ」の謎を解き明かし、百二十八にも及ぶ「卦（け）」の元々の「卦意」を拾い出し、誰でも簡単に、この縄文の叡智である「歌占い」を日常生活の中でも活用できるように組み立てました。

順を追って読んでいかなくても大丈夫です。

第四章の筮歌解説のページを「パッと」開いて、そのページにある「卦」の運勢を見れば、今日の運勢を見ることができます。クジ引きのようなものです。

でも、「占いの世界観」に興味がある方なら、第1章の謎解きを味わっていただきたいものです。

実践的にやってみたいとお考えの方には、第2章の「占い手法」に飛んでいただいて、実用的な（とても簡単です）占いに飛び込んでいただければ良いでしょう。

「ホツマツタヱ」に関心がある方は、巻末の語句解説を拾いながら、ホツマツタヱの「神々の物語」を再確認して楽しんでいただきたいと思います。

では、本書を手に取ってくださったすべての方に、縄文の叡智が湧き出る「恵み」を味わっていただけますように。あなたの悩みの解決の糸口を見つけてくだされば幸いです。

あまてらす　わかひとかみの　みこころを　ふくむとうらは　かみのまにまに

目次

第2章

フトマニ歌占いの実際の手順 〜「卦」の定め方〜

第3章　フトマニの卦を解く

第4章　フトマニ歌占い一二八首

第1章 フトマニの謎を解く

アマテラス大御神が定めた占い

『フトマニ』は、百二十八種類の「卦」で読み解く、占いの古文書です。日本書紀や古事記の原典といわれる『ホツマツタヱ』において、神々が重要な判断をする際に、天意をうかがうために使われたとされる占いです。

天地開闢からイサナギ（イザナギ）、イサナミ（イザナミ）の両神の建国物語、アマテル大御神（アマテラス大御神）や天孫ニニキネ（ニニギ）のご活躍、そして神武東征の真実やヤマトタケ（ヤマトタケル／日本武尊）のご生涯までを、大河物語のように美しく躍動的に語る『ホツマツタヱ』は、縄文叙事詩と呼ばれています。神代文字という漢字伝来以前の日本発祥の文字で書かれている『ホツマツタヱ』は、天巻、地巻、人巻で全四十章あり、一万行にも及ぶ大書の古文献なのですが、兄弟姉妹文献ともいえる古文書が、あと

『ホツマツタヱ』写本（高島市藤樹記念館所蔵）

二つ発見されています。『ミカサフミ』と、この『フトマニ』です。『ホツマツタヱ』を編纂したのは、アマテル大御神の弟神であるソサノヲ（スサノオ）神の直系子孫に当たる、クシミカタマ神とオオタタネコ神です。

兄弟姉妹文献の『ミカサフミ』を編纂したのは、中臣鎌足の先祖であるアマノコヤネ神の直系子孫に当たる伊勢神宮大宮司オオカシマ神という方でした。アマテル大御神から神武天皇に至る歴代の大君（天皇）には、鏡の臣と呼ばれる左大臣と、剣の臣と呼ばれる右大臣がいて、左右に侍り、大君を補佐していました。『ホツマツタヱ』は、剣臣系の古文書であり、『ミカサフミ』は、鏡臣系の古文書と理解することができます。

ちなみに、これらの文献では、神というのは、ほぼすべて日本列島上に生まれて指導者として徳治政治に貢献された現実の人間のことです。つまり私たち現代人の（誰かの）ご先祖さまたちです。大岡越前守は、テレビの人気時代劇の主人公ですが、越前守とは、越前の国を治める国守程度の地位役職を持つ重役という意味です。この「かみ」とほぼ同様なのが、これらの文献での「神」です。

話を戻しましょう。

では、この『フトマニ』を編纂したのは、誰でしょう。他でもありません。アマテル大御神その御方ご自身なのです。

実は、アマテル大御神以前にも「占い」はありました。それは、アマテル大御神の母であるイサナミ神の父親であったトヨケ大神が編み出した「占い」です。ですが、その「占い」は「卦」の解釈方法がとても難しかったので、アマテル大御神が吉凶を判断する何か良い方法はないものかと、思案されたのです。解釈の方法が容易になれば、政治的判断を求められる指導者たる神々が、天意に基づいて「まつりごと（政治）」を行うことができると期待されたからです。

そこで思いつかれた方法が、百二十八の「卦」をそれぞれ一つずつ和歌に詠み、和歌で「卦」

を解釈するという方法でした。早速、朝廷の神々に分担してウタを詠ませ、アマテル大御神ご自身が添削して勅撰し、『フトマニ』という書を編纂されたのです。アマテル大御神が定めた日本最古の「占いの本」が、『フトマニ』なのです。

骨を焼いて占う太占とは違う歌占い

「ふとまに」というと「太占」の漢字で表記する、古代の呪術的な占いを思い浮かべる方が多いでしょう。古事記では、イザナギとイザナミが子神産みの際に一度失敗して困惑した場面で「請天神之命、爾天神之命以、布斗麻邇爾、卜相而詔之」という記述があります。「天神に教えを請うたところ布斗麻邇(ふとまに)で以て占う」ことをしたと書かれています。

古事記ではこの後、天の岩戸隠れの場面で「男鹿之肩抜而、取天香山之天之波波迦」という記述があります。「牡鹿の肩の骨を波波迦という名の木(桜の一種)」で焼き、その時のヒビの入り具合で占う方法をとったと解釈されています。いわゆる「骨卜(こつぼく)」といわれる手法です。

東京都青梅市にある武蔵御嶽神社では太占祭として、群馬県富岡市にある貫前神社では鹿占神事という名称で、このような鹿骨占いは現在も継承されています。また、宮中や、茨城県の鹿島神宮、静岡県伊豆の伊古奈比咩命神社（白浜神社）などでは、かつて亀の甲羅で占う「亀卜」がなされていた記録があります。鹿卜も亀卜も、吉凶を判断するものであったようです。吉凶に何段階の区分けがあったかは不詳ですが、ともあれ、「良い」か「悪い」かの占い結果を得ていたのでしょう。

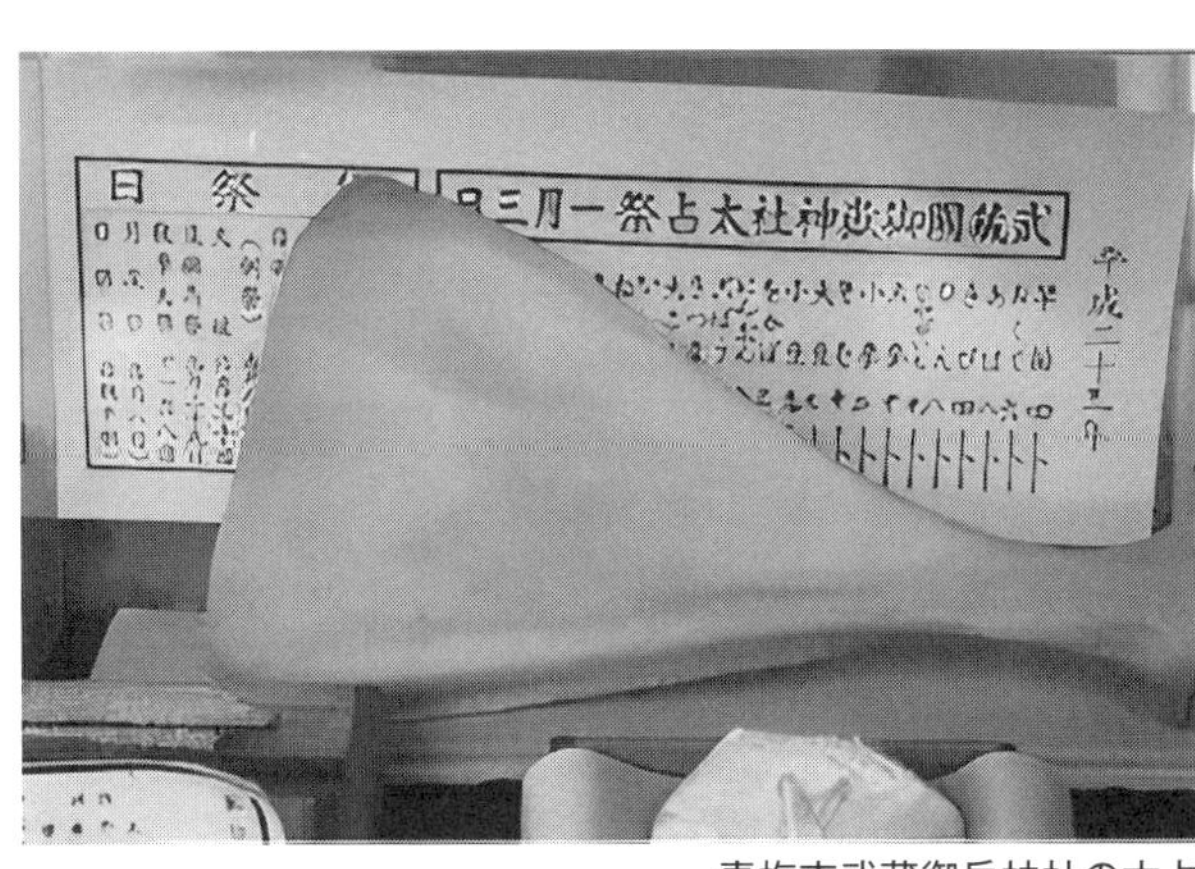

青梅市武蔵御岳神社の太占

けれども、『ホツマツタヱ』が伝える「フトマニ」は、三つの数字で引き出される「卦」で占う歌占いです。「卦」の数は百二十八種類あり、それぞれに五七五七七の三十一文字の和歌が付されているのです（正確にいえば、二首のウタだけは三十二文字の字余りの祓いウタです）。

それらの和歌は、多くが『ホツマツタヱ』の史実に基づいた教えや、教訓、賛歌あるいは警告のような内容を詠っています。ですから、「卦」の和歌を解読することで、占いたい内容に対する「天界からのお示し／天意」を汲み取ることができたのです。

タロット占いでは、吉凶判断はもちろんのこと、カードが示す寓意を読み解くことで様々な予測、手がかり、警告、事態の背景まで探ることができるとされています。これと同じように『フトマニ』歌占いでも、その「卦」が示す卦意にいくつものキーワードが秘められているので、占いたいことの答え、時局の流れ、季節や、手がかりとなる色や物、押さえておくべき心得など、実に深い解釈が可能なのです。

難解を極める謎の文書だった

『フトマニ』は、『ホツマツタヱ』や『ミカサフミ』の兄弟姉妹古文献と紹介しましたが、すべて神代文字の一つである「ヲシテ文字」（通称ホツマ文字）で書かれているので、誰もが原文をスラスラ読めるわけではありません。また、原文をひらがなやカタカナで翻訳して、声に出して読み上げることはできても、簡単にはその意味するところを理解することができません。これらの文献を研究する研究者のあいだでは、『ホツマツタヱ』は難しいが『ミカサフミ』は、さらに難解だし、『フトマニ』となるとまったく意味を読み取れないところがたくさんあって、もう手に負えないよ、とよく評されます。

これには理由があります。『ホツマツタヱ』は、神々の物語なので、話の展開、流れ、があります。また、ところどころに神々の会話が挿入されているので、難解語句があっても、前後の流れの中で解釈していくことができるのです。一方の『ミカサフミ』は、（特に現時点で発見されているアヤ「章」では）神々の哲学を語っているので、テーマそのものが難しく、解釈が困難なのです。ところが、『フトマニ』となると、

1．歌ごとに区切られ、流れはない。
2．三十一文字（実質二十六文字）なので凝縮されすぎている。
3．凝縮されているので、掛詞が多い。
4．『ホツマツタヱ』や『ミカサフミ』を熟知しなければ背景がわからない。
5．そもそも何故その「卦」からその和歌、そして示す吉凶になるのかつかめない。

という五重苦があり、今まで満足のいく解釈が誰もできなかったのです。しかし、実は、

吉凶判断にこそ、フトマニ歌を解釈する鍵があったのです。その鍵をつかむことで、難解だった『フトマニ』を、柔軟にわかりやすく解釈することができました。

百二十八の「卦」を表す三つの文字

歌占いである『フトマニ』は、百二十八の和歌からできています。本書では、それらの歌に1番から128番までの歌番号を付けていますが、原本には、番号は付されていません。では、どうやって区別するかというと、すべての歌に「三文字の名前」が付けられているのです。最初の歌が、「アヤマ」の歌で、次が「アハラ」、三番目は「アキニ」……と続いていて、最後の128番目の歌は「シナワ」の歌です。

実はこれらの「三文字の名前」は、①「ア」、②「イ」、③「フ」、④「ヘ」、⑤「モ」、⑥「ヲ」、⑦「ス」、⑧「シ」という八種類の文字と、①「ヤマ」、②「ハラ」、③「キニ」、④「チリ」、⑤「ヌウ」、⑥「ムク」、⑦「エテ」⑧「ネセ」、⑨「コケ」、⑩「オレ」、⑪「ヨロ」、⑫「ソノ」、⑬「ユン」、⑭「ツル」、⑮「ヰサ」、⑯「ナワ」という十六種類の二文字組の掛け合わせで、構成されています。「ア」「イ」「フ」「ヘ」「モ」「ヲ」「ス」「シ」の八文字にそれぞれ、十六種類

の二文字組が組み合わされるので、

８×16＝１２８

百二十八種類の「卦」ができあがるのです。

縄文の昔から日本には「言霊」の思想があります。『ホツマツタヱ』『フトマニ』では、「あ」「い」「う」「え」「お」から「わ」「ん」「を」までの日本語の48音すべて、一つ一つが「ある特定のチカラと性格を持つ神格」である、という考え方を持っています。そして、全四十八音が、八つの「天元神」グループ（８音）と、八つの「天並神」グループ（８音）と、16組の「三十二神」グループ（32音）という大きな三つのグループに分けられています。

1．「天元神（あもとかみ）」８音　「ト」「ホ」「カ」「ミ」「ヱ」「ヒ」「タ」「メ」

2．「天並神（あなみかみ）」８音　「ア」「イ」「フ」「ヘ」「モ」「ヲ」「ス」「シ」

3．「三十二神（みそふかみ）」16組32音「ヤマ」「ハラ」「キニ」「チリ」「ヌウ」「ムク」「エテ」「ネセ」「コケ」「オレ」「ヨロ」「ソノ」「ユン」「ツル」「ヰサ」「ナワ」

百二十八種類の「卦」は、つまり、「天並神」と「三十二神」の組み合わせで、成り立っているると理解することができるのです。

フトマニ『歌』の陰にフトマニ『図』あり

『フトマニ』の百二十八歌は、「三文字の名前」があり、その名前は、「天並神」と「三十二神」の組み合わせであることがわかったのですが、これらの「音の神格を持つ」神々は、フトマニ図（モトアケ）に美しく配置されていることに気づきます。

「天並神」は、フトマニ図（モトアケ）の外周から三番目を囲む八つの神々です。

「三十二神」は、フトマニ図（モトアケ）の外周一番外側の十六の神々と、外側から二番目を囲む十六の神々です。

そして、フトマニ歌の名前に使われる「三十二神」の16組とは、「天並神」の外側の神々を「タテ読み」した2音組であるということが観察できます。

このフトマニ図における「音の神格を持つ」神々は、実は、神妙なる不思議な配列で配

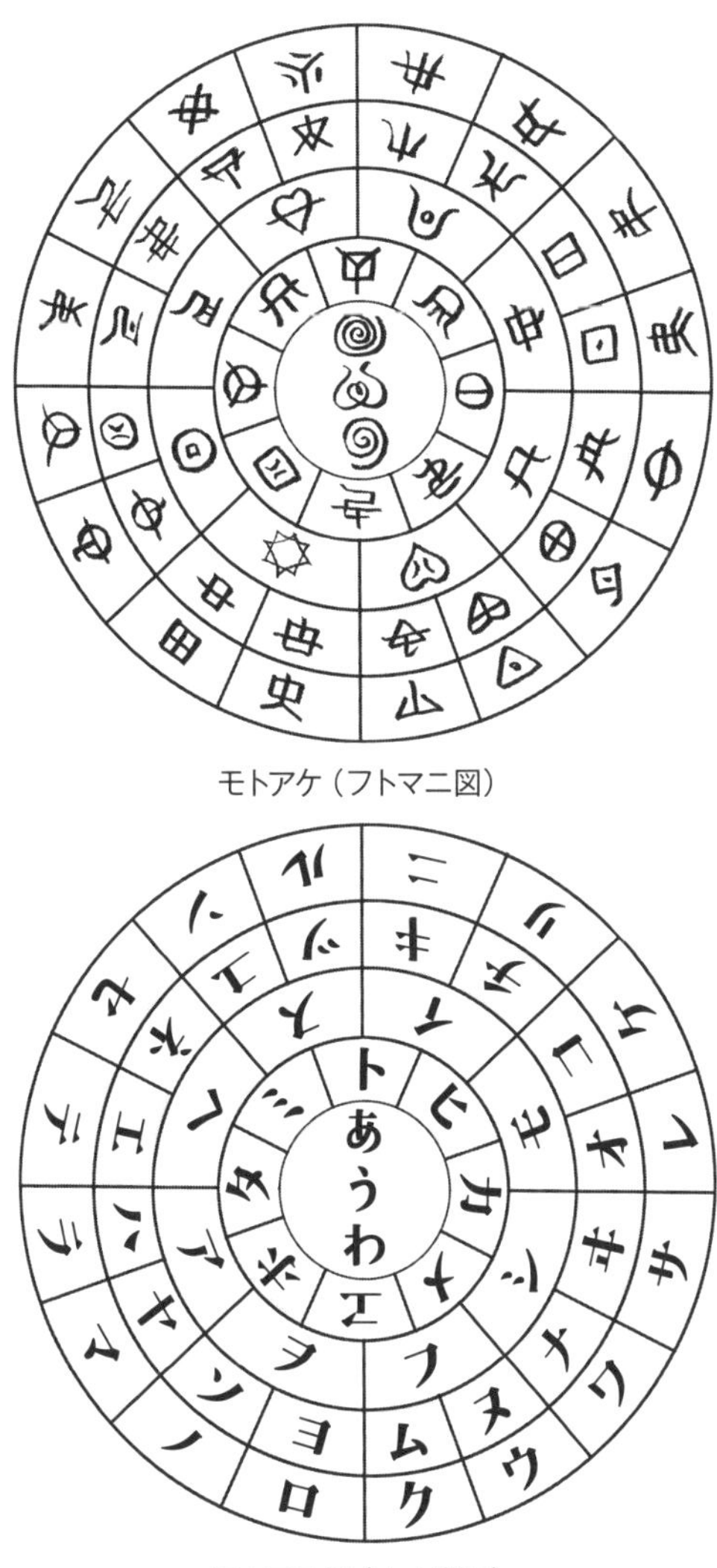

モトアケ（フトマニ図）

フトマニ図（カナ表記）

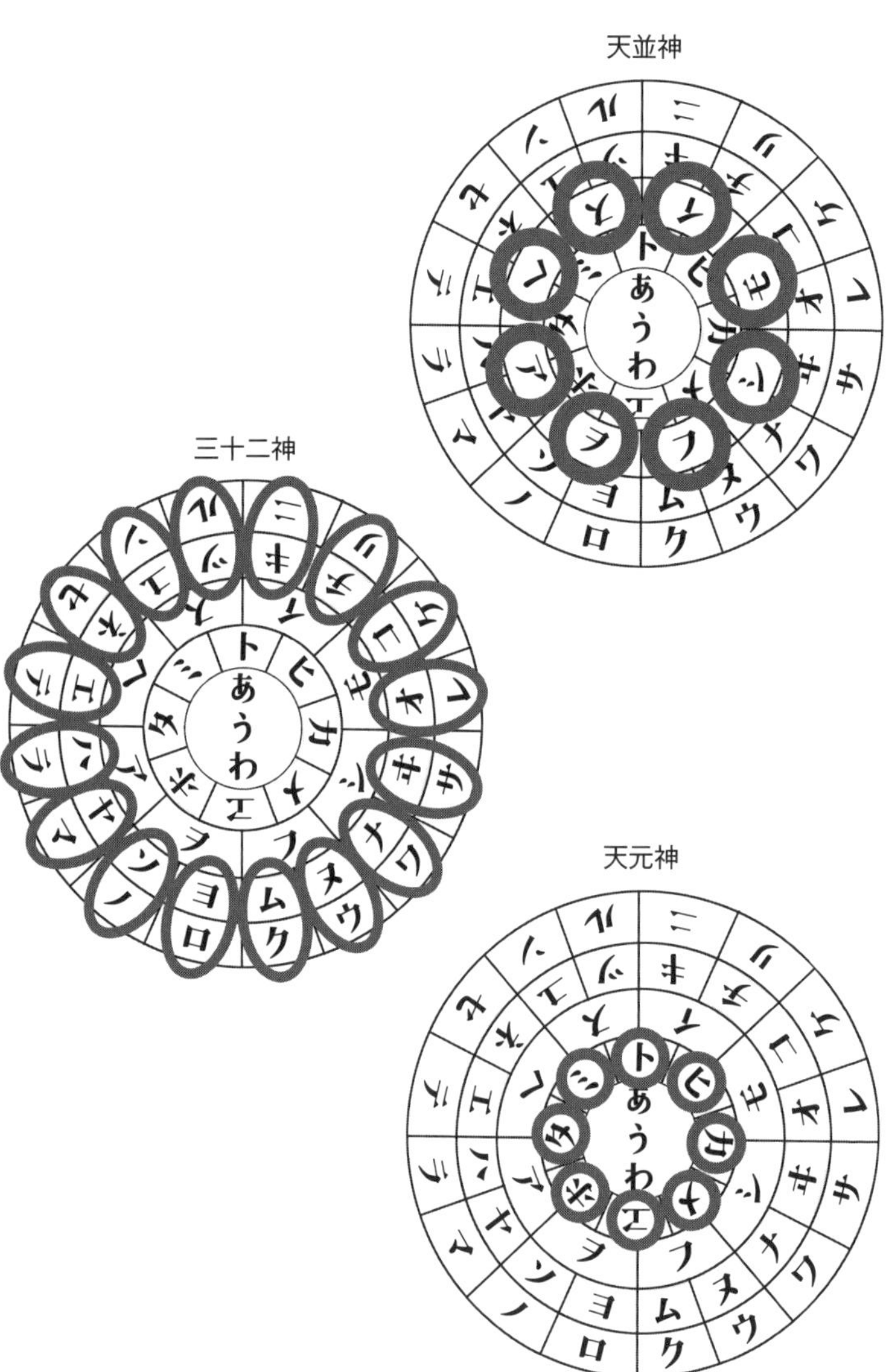
天並神
三十二神
天元神

置されています。このフトマニ図こそが、アマテル大御神に先立ち、アマテル大御神の祖父であるトヨケ大神が定めた「占い図」＝「モトアケ」だったのです。その図は、天地人すなわち私たち地球に生活する人類を含む大宇宙の「巡り」と「配置」を解き明かした「宇宙生命の時空図」だったので、ものごとを占うことができたわけなのです。

天意に添って配置された大宇宙の時空設計図を手にすることができたら、「今はどういう状況であるのか」「何故、今に至ってしまったのか」「これからどのようになっていくのか」を読み取れるわけですね。

先述したように、トヨケ大神の「モトアケ（フトマニ図）」だけではその解釈が難しいので、もっと吉凶や教えの手がかりをわかりやすくしたいというアマテル大御神の発案で、「フトマニ歌」が編纂されました。ですから、すべての「フトマニ歌」の背後には、もともと「卦」の「三文字の名称」に含まれる「音の神格を持つ」神々がいるのです。そして、それらの神々の「モトアケ（フトマニ図）」の配列の位置関係、巡りの方向性等々を読み取ることで、フトマニ歌の正しい、より深い理解が可能になります。

つまり、フトマニ歌を解釈することで吉凶が判断できるということではなくて、フトマニ図の神々の配置とその選択によってそもそも吉凶が生じ、その吉凶判断の表現、解釈としてフトマニ歌が詠まれたのです。

× フトマニ歌を解釈することで吉凶が判断できる。
○ フトマニ図を解釈することで吉凶が判断できる。フトマニ歌はそのヒント。

陰陽哲学が貫かれているフトマニ

古代日本には陰陽道なる知識技術があったといいます。宮中には「陰陽寮」なる役所がありました。律令制では中務省に属し、天文・暦数・報時・卜筮をつかさどった役所でした。おんようのつかさ、うらのつかさ、ともいいます。陰陽師の安倍清明などが活躍したと学校でも習いました。そして、それらの知識技術は、大陸からの移入によって日本にもたらされたということになっています。実は、真実は違います。

『ホツマツタヱ』や『ミカサフミ』を読み込むと、縄文時代から既に日本には陰陽哲学といってよい叡智と作法があったことが理解できます。天文、暦数、方位に関する正確な理解をもち、「空」「風」「火」「水」「地」というインド古代思想と共通する「五大」の概念があり、ヲシテ文字は母音と父音の組み合わせで成り立っています。

母音イメージ

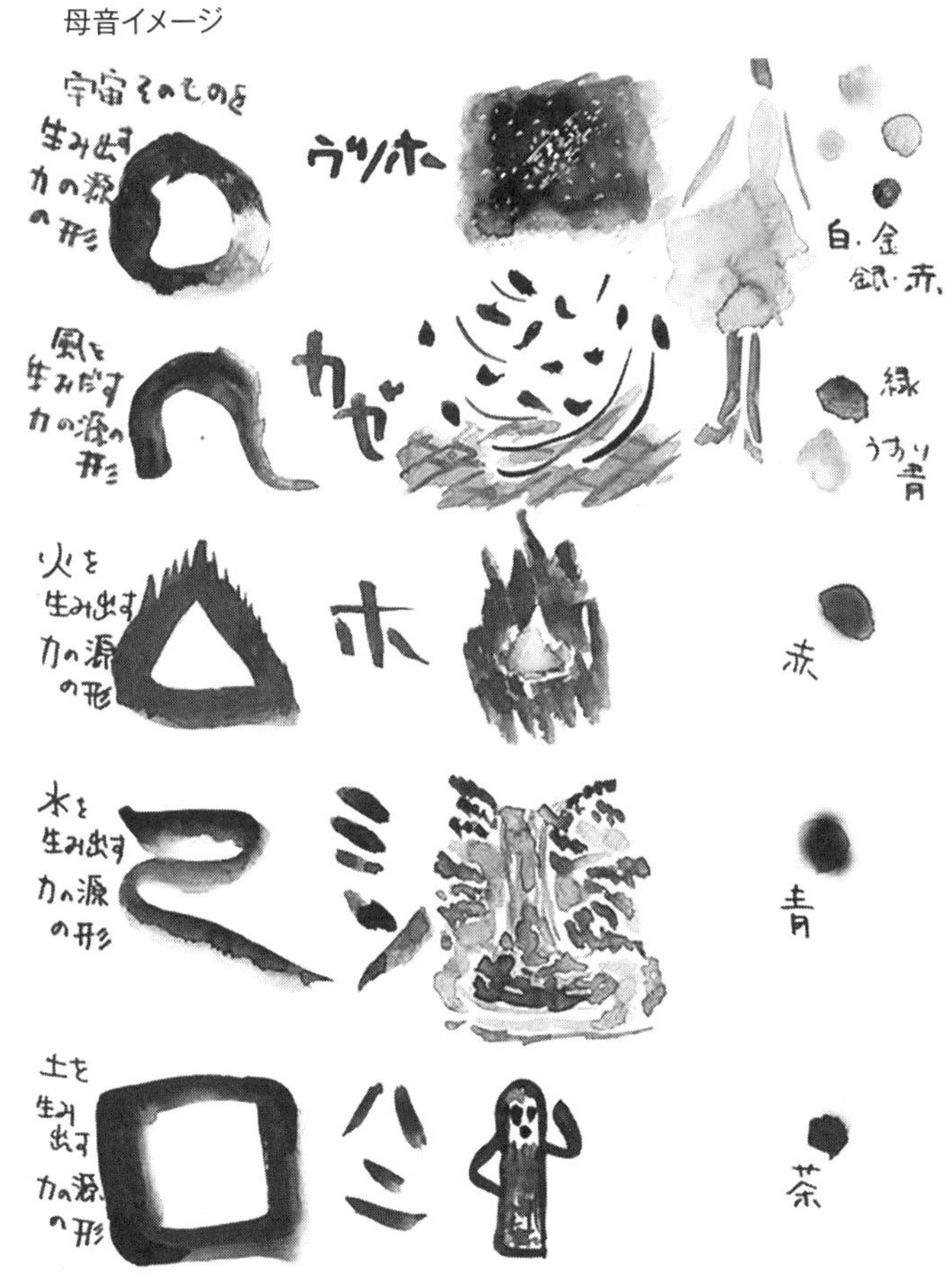

「あいうえお」は「空風火水土」の五大の要素を持つ

「陰」と「陽」が織りなす「いのちの巡り」を深く認識していました。大陸からの移入ではなかったのです。そもそも、ヲシテ文字（『ホツマツタヱ』や『フトマニ』を記述した日本独自の古代文字／神代文字）が、「五大」を基礎として作字されているのです。常に「陰陽」が並び合う、互いに影響し合って世の中は成り立ち、また巡っているに違いないという世界観を持っていました。

「陰陽」のことを「メヲ」と縄文人は名付けました。「女男」のことです。「イモヲセ」とも言い表しました。伊勢神宮の「イセ」は「イモヲセ」の略語のことであり、「陰陽和合」を意味していました。世の中には「陰」と「陽」の巡りがあり、対立したり影響し合ったりしていますが、それぞれの良さを活かして「和合」することの大切さを説いたアマテル大御神は、ご自身が暮らす土地を「陰陽和合の地」という意味合いで「イセ」と名付けました。

このように深い陰陽哲学を打ち立てていた縄文の神々ですから、『フトマニ』も、「メヲ（陰陽）」の大原則で組み立てられています。そもそも「フトマニ図は、天界を象（カタチ）づくる総てのチカラとその配置を地上に描いたもの」として作画された「宇宙生命の時空図」なのですから、そこにプラスとマイナス、すなわち陰陽の法則が働いていることはあたりまえなのです。

フトマニ歌占いとは、「陰陽を読み解くこと」ともいえましょう。

巡り（方向性／運動性）を持つフトマニ

フトマニ図は、「音の神格を持つ」神々の配置によって、「宇宙生命の時空図」として描かれ、陰陽哲学によって「対立や和合」の関係性をもって表現されていることが解ってきました。

「音の神格を持つ」神々は、日本語の清音「あ」「い」「う」「え」「お」「か」「き」……「わ」「ん」「を」の四十八音（神）と中心にある「◎[illegible]◎／あうわ」の根源神をまとめて一神と数えて、全部で四十九神です。「四十九因本席図」と漢字では表記します。「◎[illegible]◎／あうわ」の根源神は、『ホツマツタヱ』では、「天御祖神（あめのみをやかみ）」と呼ばれる御神格（生身の人間ではありません）です。仏教でいうところの大日如来さまのような存在です。

「◎／あ」という「陽」のチカラと、「◎／わ」という「陰」のチカラを同体に具有する「陰陽和合」の神格である「天御祖神」は、天界にあっては「天御中主神」という神格となり、

天元神トホカミヱヒタメの巡り

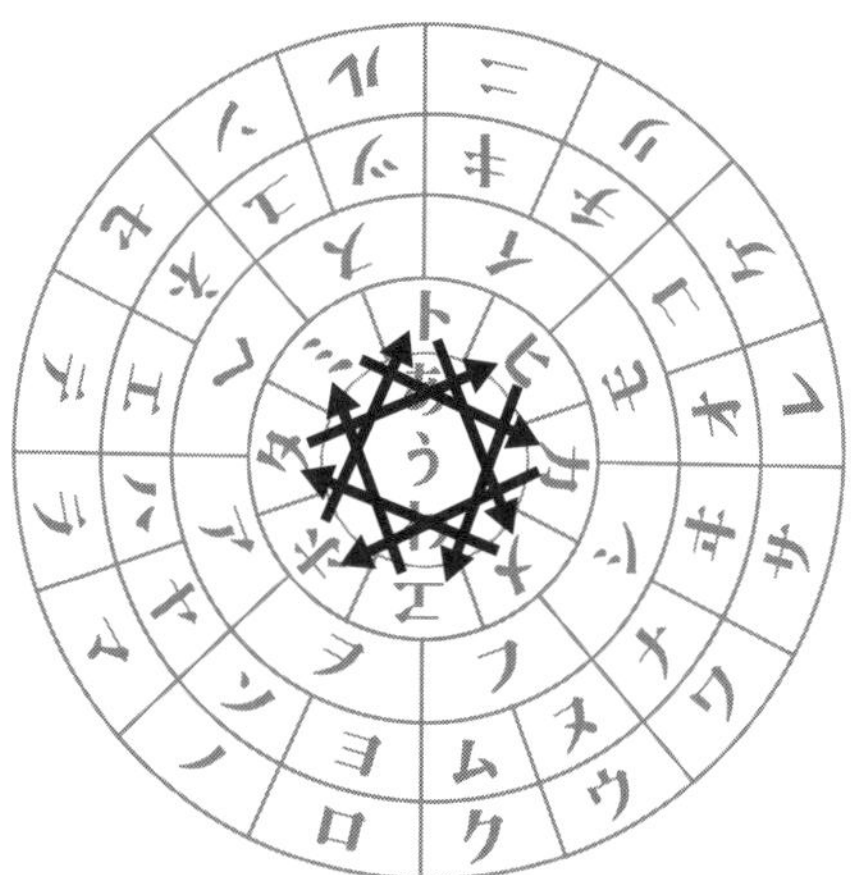

天並神アイフヘモヲスシの巡り

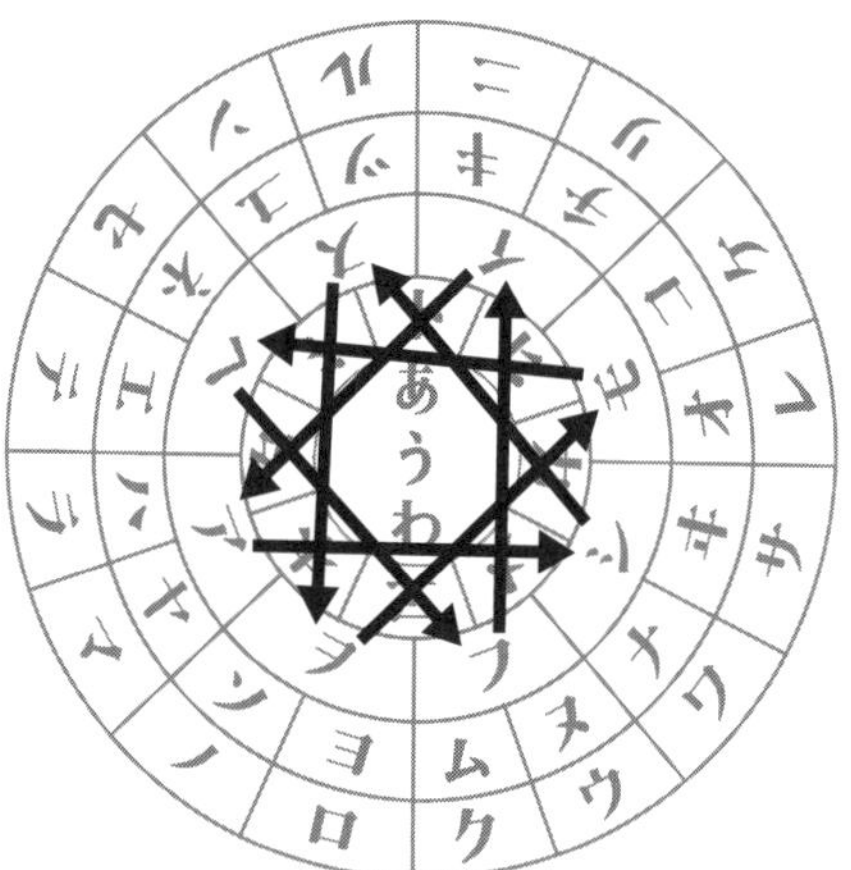

地界にあっては、「国常立尊」という神人となって、中心軸を支えておられます。

この「天御祖神」を中心にして、その周りを四重に丸く囲む円相図が「フトマニ図」なのですが、とても綺麗に均等に鎮座されているので、静かに永遠に留まっておられるように理解しがちです。でも、それは間違いで、この「フトマニ図」は、巡っているのです。方向性と運動性を表現しているのです。

「天御祖神」を最奥の内陣で支える「トホカミヱヒタメ」の八つの天元神は、「ト」神を頭に見立て、「メ」神を尾に見立ててクルクルと時計回り（古い日本語でいう左回り）で巡っています。また、その外側の「アイフヘモヲスシ」の八つの天並神は、「ア」神を頭に「シ」神を尾にクルクルと反時計回り（古い日本語でいう右回り）で巡っています。

天元神の巡る左回りが、「陽」の巡りで、天並神の巡る右回りが、「陰」の巡りです。さらに、神々は、それぞれ方位と季節をつかさどります。「ト」神は、夏と南を守護し、「ヱ」神はその正反対の位置に冬と北を守護しています。東西南北と、春夏秋冬が、このフトマニ図の中に配置され、やはり動きを引き起こしているのです。

それは、あたかも太陽を中心として惑星がクルクルと巡って公転しているようでもありますし、夜空においては、北極星を中心に天界の星々がクルクルと巡っているようでもあります。「陰陽和合」の神であるアマテラス大御神は、根源神として大宇宙の中心軸に鎮座する「陰陽和合神」たる「天御祖神」の、地上への再臨とみなされていました。ですから、「アマテラス大御神」は、太陽神であり、北極星神（太一神）であるのです。

フトマニ図においては「◎◎◎／あうわ」神を中心軸として、そのご威光、御恵み、神恩が四方八方に巡りながら放たれているという構造になります。

フトマニ歌占いとは、「方位と巡りの動きを読み解くこと」ともいえるわけです。

吉備真備も註釈したフトマニ研究史

『フトマニ』は、縄文時代の太古にアマテル大御神によって編纂された古文書ですので、数千年の歴史の中で、写本として何度も書き写されて伝来されてきました。現存する最古の写本は、琵琶湖湖畔の高島市で神社の神主を代々世襲してきた由緒ある家系（野々村家）で保存されていました。再発見は１９６７年のこと。ホツマツタヱ再発見者の松本善之助翁の探索で見つかりました。その写本は、写真版で製本化されていますので誰でも手に入れることができます。

その最古の（野々村）写本は、高島市に平安時代以前から古い家柄として存在した井保家の人物が、江戸時代中期に、全国を巡拝して現地の伝承を確認し、熱心に『ホツマツタヱ』『フトマニ』を研究しつつ書き写した（安聡）写本が、原本です。

その最古写本の原本をまとめ上げたのが和仁估安聡（わにこやすとし）（俗名　井保勇之進）であり、『ホツマツタヱ』を編纂（天巻地巻）したクシミカタマ神の七十八世の子孫に当たる人物です。

この和仁估安聡写本の興味深いところは、序文と、解題、そして百二十八歌の「漢詩解説」とさらには、「吉凶」ならびに「卦象文字」が付されていることです。その解題を読むと、三輪臣鳴鏑根命（なりかぶらねのみこと）という人物と、吉備真備、そして和仁估安聡自身が、註釈を付してまとめ上げたと記しているのです。

吉備真備像

鳴鏑根命という人物は不詳ですが、吉備真備は八世紀に活躍して正二位右大臣まで上り詰めた大人物で、元正天皇→聖武天皇→孝謙天皇→淳仁天皇→称徳天皇→光仁天皇と、なんと六代もの天皇に仕えた大学者です。二度も遣唐使として入唐し、唐の国でも阿倍仲麻呂らと同期でおおいに学名をとどろかせたという博学の士が、『フトマニ』を研究していたとは驚きです。吉備真備という大学者をも魅了する叡智がここに秘められていた、ということなのでしょう。

解題は、和仁估安聰が書き加えたものですが、「漢詩解説」と、「吉凶」を、また「卦象文字」誰が付したのか、それは今のところ明らかではありません。「漢詩解説」とは、百二十八の和歌に対して、それぞれ七言四句の漢詩を挿入して和歌の意味を漢詩で註釈しているものです。アマテル大御神が、「卦」を解釈させるために和歌を添削したのですが、今度は、その和歌を註釈するために漢詩を新たに書き加えているのです。

「吉凶」とは、その「卦」の吉凶を「大吉、中吉、小吉、小凶、中凶、大凶」の六段階で明示したものです。また、「卦象文字」とは、四十八音の神々をグループ分けした場合のまとまった性格を「一文字漢字」で表現したものです。これらの、「漢詩解説」「吉凶」「卦象文字」は、『フトマニ』の正確な解読を促した面もありますが、一方で阻害した面も、実はあります。アマテル大御神が添削した和歌の意味と、漢詩の意味が微妙に違ったり、吉凶と整合しないように思えたり、「卦象文字」が、どうもうまく理解できなかったりという側面があったからです。

本書では、「陰陽概念」を明確に打ち出すことで、新たな解釈の光を当て、すべての「卦」の骨組みをかなり明らかにすることができました。骨組みを観ることができたので、「卦」の解釈に応用が可能になり、「卦象文字」を刷新して「**象文字**」として整理し直しました。

これにより、様々な願意の占いに対応することができるようになりました。

それでは、次章からは、早速実際に「卦」を引き出す作法をご案内していきます。

まとめ

1. 『フトマニ』はアマテル大御神が編纂された日本最古の「占い本」
2. 骨を焼く占いではなく「歌占い」
3. 難解すぎて、今まで解説本は存在しなかった
4. 「三文字」の名前が付く百二十八種の「卦（け）」で占う
5. フトマニ「歌」の前にフトマニ「図」（モトアケ）が大切

6.「陰陽法則」を解くことが、占いのポイント①

7.「巡り法則」を解くことが、占いのポイント②

8.「吉凶」と「象文字」を読み解くことが占いのポイント③

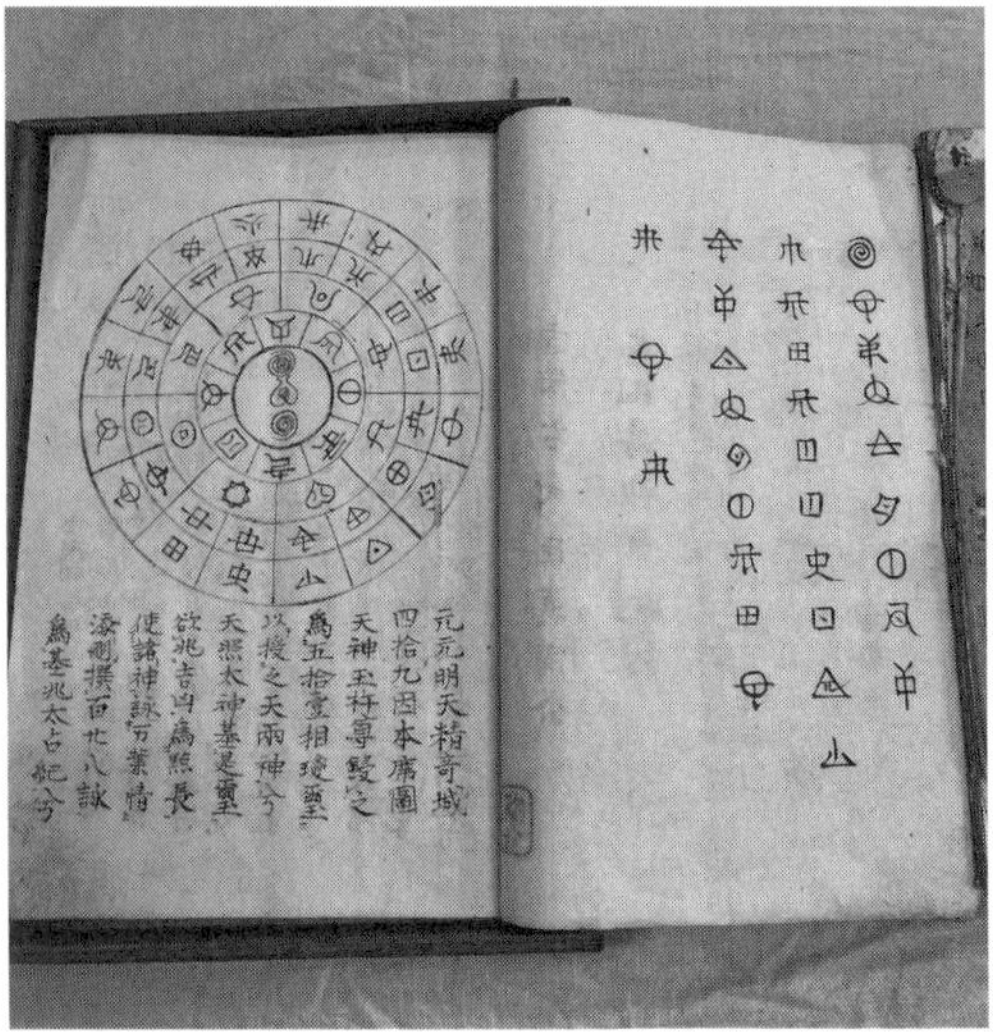

高島市で保存されていた最古の『フトマニ』写本

第2章

フトマニ歌占いの実際の手順 ～「卦」の定め方～

誰でもすぐにできるフトマニ占い

フトマニ占いの手順、つまり「卦」を出す方法は、とても簡単で、誰でもすぐ試みることができます。例えば、タロットカード占いでは、カードの配置にいくつもの流儀があり、占いの結果を示すカードを引き当てることさえ熟練が必要です。引き当てたカードを解釈するために、さらに知識とヒラメキを必要とするのですが、そもそもの前段階の「卦」を出す、つまりカードを選ぶ手法も難しいというハードルがあります。これに対して、フトマニ歌占いでは、三つの数字を引き当てるだけで、誰でもすぐ「卦」を出せます。

三つの数字は、古代縄文時代では、きっと「クジ引き」のような手法をとっていたのだと想像できますが、現代では、サイコロを使って引き出すことが最も簡単で、天意に添いやすいと思います。つまり、占う事柄を心の中に強く念じて、三回サイコロを振れば、出てきた数字で、フトマニ歌占いの百二十八種類ある「卦」のどれかを決めることができるのです。

ただし、引き出す数字は「❶〜❽」の八つの数字のどれかを定めなければならないので、「八面体サイコロ」を使います。ボードゲームや、占いでもよく使われるサイコロなので、通販サイトなどで簡単に手に入れることができます。三つの数を出すので、サイコロの数も、三つあると便利です。サイコロ一つだけでも占えなくはありません。占えなくはないのですが、三回振る度に「数字を記録する」という作業が必要になり、それは心が念じる想いを中断させがちな作業ですので、三つの八面体サイコロを用意するのがおすすめです。

八面体サイコロは、最近では、いろいろな色が用意されていますので、お好きな色のサイコロを三個手に入れると良いでしょう。あなたのお好みで、一番目のサイコロは何色、二番目は何色、最後の三番目は何色、と決めておけば、出てきた三つの数字を、後で確かめる際に間違いがなくて良いと思います。もちろんこれも、同じ色のサイコロで行っても、数字を出した順番さえ間違えなければ問題ありません。

サイコロがなければトランプカード

手元に「八面体サイコロ」がない場合は、トランプカードを代わりに使います。スペードとハートとクラブの三種類のトランプカードで、それぞれ「❶〜❽」までの八枚のカードを用意します。同じ種類の仲間八枚のカードで三つの山をつくり、それぞれから一枚ずつ引き出していけば、三つの数字が定まります。

もちろん、八本の棒クジを用意して、棒クジの先端に「❶〜❽」の数字を書き込んでおいて占うことも可能です。八本の棒クジを、三回引いて三つの数字を定めれば良いのです。当然ですが、この場合は、一度引いたクジは記録したら元に戻して、よく混ぜた後に再度引く、という作法が大切です。

サイコロの数字で天並神（あなみかみ）を定める

やはり「八面体サイコロ」を使った占い方が、もっとも簡単で、間違いも少ないので、その方法での「卦」の定め方をご案内しましょう。

サイコロを振って定まる数字は、「フトマニ図」の天並神を示します。「フトマニ図」の外側から三番目を囲む「ア、イ、フ、ヘ、モ、ヲ、ス、シ」の八つの神々のどれかを示すわけです。

サイコロの数字（❶〜❽）が、

❶　ア
❷　イ
❸　フ
❹　ヘ
❺　モ
❻　ヲ
❼　ス
❽　シ

と割り当てられていますので、数字が定まれば、天並神は自動的に特定されます。簡単ですね。

天並神には「主神」と「親神」がある

フトマニ占いの百二十八種類の「卦」は、すべて

「Ａ天並神」【主神(ぬしがみ)】　＋　「Ｂ三十二神」【配神(そえがみ)】の組み合わせ

で成り立っています。

三つの数字の、

最初の数字は、Ａの天並神そのものを示します。

次の数字は、Ｂの三十二神を上位で担当する天並神を示します。

最後の数字は、陰と陽が並ぶ三十二神のどちらを選ぶかを示します。

最初の数字で定まる天並神を「主神の天並神」すなわち「主神(ぬしがみ)」と呼び

次の数字で定まる天並神を「親神の天並神」すなわち「親神（おやがみ）」と呼びます。
最後の数字で定まるのは、「親神の配下の三十二神」（陰陽二つのうち）どちらかです。
定まった方を「配神」と呼びます。

二つの天並神を選び出すので、間違わないようにその二つの性格を区別して表現して「主神」と「親神」と呼び分けているのです。「親神」は、「配神」を定める目印となる神です。

つまり

卦を構成するのは
「天並神（あなみかみ）」＋「三十二神（みそふかみ）」＝「主神（ぬしがみ）」＋「配神（そえがみ）」

ですので、三回のサイコロの数字を再度整理すると、

最初の数字は、「主神」を示し、

次の数字は、「親神」を示し、
最後の数字は、「配神」を定める。

という意味があるわけです。

二つ目の数字と三つ目の数字とで三十二神「配神」が定まる

サイコロを振って、最初に出る数字で「主神」が定まりました。

二回目に出る数字で「親神」が定まりました。ですが、親神にはそれぞれ陰陽二つずつの「配神」がついているので、陰陽どちらであるかは、まだ定まりません。

三回目に出る数字で、陰陽のどちらかが定まります。けれども、三回目の数字だけで定まるのではないのです。二回目の「親神」の数字と三回目の数字を合計してみて、それが、陰数（偶数）であるか、陽数（奇数）であるかで、天意が示す「配神」が定まります。

例えば、二回目の数字が❶で三回目が❻だと、「1+6=7なので奇数」故に、❶親神「ア」の配下の「ヤマ」「ハラ」のうち、陽数（奇数）が示す「ヤマ」が、配神となります。

あるいは、二回目の数字が❷で三回目が❹だと、「2+4=6なので偶数」故に、❷親神「イ」の配下の「キニ」「チリ」のうち、陰数（偶数）が示す「チリ」が、配神となります。

まとめ

1. フトマニ歌占いでは、八面体サイコロを三個用意して三回振る。
2. 最初の数字が、主神を示す
3. 二回目の数字が、親神を示す
4. 三回目の数字と二回目の数字を合計して、奇数偶数を判断し、配神のどちらかを定める

主審・親神・配神　早見表

主神	主神璽	親神	奇数か偶数	配神	配神璽
❶あ	[illegible]	❶あ	奇数	ヤマ	[illegible]
			偶数	ハラ	[illegible]
❷い	[illegible]	❷い	奇数	キニ	[illegible]
			偶数	チリ	[illegible]
❸ふ	[illegible]	❸ふ	奇数	ヌウ	[illegible]
			偶数	ムク	[illegible]
❹へ	[illegible]	❹へ	奇数	エテ	[illegible]
			偶数	ネセ	[illegible]
❺も	[illegible]	❺も	奇数	コケ	[illegible]
			偶数	オレ	[illegible]
❻を	[illegible]	❻を	奇数	ヨロ	[illegible]
			偶数	ソノ	[illegible]
❼す	[illegible]	❼す	奇数	ユン	[illegible]
			偶数	ツル	[illegible]
❽し	[illegible]	❽し	奇数	ヰサ	[illegible]
			偶数	ナワ	[illegible]

以下のページの早見表を見て、簡単に「卦」を見つけることができます。

サイコロで出た数字だけで表にすると、左の表になります。

サイコロ数字　早見表

1回目	主神		2回目	3回目	配神
❶	あ		❶	❷❹❻❽→奇数	ヤマ
				❶❸❺❼→偶数	ハラ
❷	い		❷	❶❸❺❼→奇数	キニ
				❷❹❻❽→偶数	チリ
❸	ふ		❸	❷❹❻❽→奇数	ヌウ
				❶❸❺❼→偶数	ムク
❹	へ		❹	❶❸❺❼→奇数	エテ
				❷❹❻❽→偶数	ネセ
❺	も		❺	❷❹❻❽→奇数	コケ
				❶❸❺❼→偶数	オレ
❻	を		❻	❶❸❺❼→奇数	ヨロ
				❷❹❻❽→偶数	ソノ
❼	す		❼	❷❹❻❽→奇数	ユン
				❶❸❺❼→偶数	ツル
❽	し		❽	❶❸❺❼→奇数	ヰサ
				❷❹❻❽→偶数	ナワ

『サイコロ数字早見表』を見て、一回目、二回目、三回目と、その行にある❶から❽の数字の段を確かめます。サイコロに出た数字が、選ばれた主神の段を示します。

これによって、「主神」と「配神」が定まり、占う内容（願意）に対しての「卦」が、確定するのです。

例えば、サイコロの最初の数が、❸なら、主神は「ふ」神です。サイコロの次の数が❼

で、三回目の数字が❺であれば、❼の段の❺は偶数で、配神は「ツル」神となります。すなわち、選ばれた「卦」は、「ふツル」の卦となります。

出た「卦」の内容を、じっくり考えたい場合には次章に進んでいただきますが、「結果発表」だけを知りたい方は、このページの「歌番号　早見表」で「歌番号」を調べて、第4章の「「フトマニ歌占い一二八首」の解説」に飛んでいただければ結構です。

「卦」が定まると、その「卦」の歌番号も定まります。

「主神」と「配神」のそれぞれの列と行が交差するところの番号が「歌番号」です。

歌番号　早見表

2-3 回目 ＼ 1 回目		主神	① あ	② い	③ ふ	④ へ	⑤ も	⑥ を	⑦ す	⑧ し
親神	配神									
① あ	ヤマ（奇）		1	17	33	49	65	81	97	113
	ハラ（偶）		2	18	34	50	66	82	98	114
② い	キニ（奇）		3	19	35	51	67	83	99	115
	チリ（偶）		4	20	36	52	68	84	100	116
③ ふ	ヌウ（奇）		5	21	37	53	69	85	101	117
	ムク（偶）		6	22	38	54	70	86	102	118
④ へ	エテ（奇）		7	23	39	55	71	87	103	119
	ネセ（偶）		8	24	40	56	72	88	104	120
⑤ も	コケ（奇）		9	25	41	57	73	89	105	121
	オレ（偶）		10	26	42	58	74	90	106	122
⑥ を	ヨロ（奇）		11	27	43	59	75	91	107	123
	ソノ（偶）		12	28	44	60	76	92	108	124
⑦ す	ユン（奇）		13	29	45	61	77	93	109	125
	ツル（偶）		14	30	46	62	78	94	110	126
⑧ し	キサ（奇）		15	31	47	63	79	95	111	127
	ナワ（偶）		16	32	48	64	80	96	112	128

第３章

フトマニの卦を解く

主象と親神と配象の「象文字」で読み解く

それでは、いよいよ引き出された「卦」の解釈をどのように観ていくかを考えます。結果だけを知りたいのであれば、次章からの見開きページで、各々の託宣（解説）を読んでいただければ良いので、忙しければこの章を飛ばしても問題ありません。

フトマニ占いでは、（サイコロを三回振って）引き出した三つの数字で「主神（ぬしがみ）」と「配神（そえがみ）」を確定し、卦を引き出しました。

確定したのは、「主神」「配神」の二つの神さまでしたが、実はもう一つ選んでいます。「配神」を確定する作業の中で、（具体的には二回目のサイコロの数で）「親神（おやがみ）」も選んでいますので、都合三つの神さま、すなわち、「主神」と「親神」と「配神」が定まります。

この三神の「象文字」を拾い出します。

1.「主神」は天並神なので「主象（ぬしかた）」の「象文字」を観ます。

2.「親神」も天並神なので「主象」の「象文字」を観ます。

3.「配神」は三十二神なので、「配象（そえかた）」の「象文字」を観ます。

次ページに、その配置図と、その次に一覧表を掲げますが、この「象文字」が大切なのです。

確定されたそれぞれの神さまは、各々メッセージを秘めているわけですが、そのメッセージが示す意味、つまり「卦意」を表現するものを、「象（かた）」といいます。「象」は、陰陽や、方角や、季節や、運動方向や、力の強弱、善悪の偏り、剛柔の具合、その他のキーワードを包み込んでいるのですが、それらメッセージを一文字で表現したものが、「象文字」です。

主象の一覧表は、左の通りです

天並神（主神）の主象

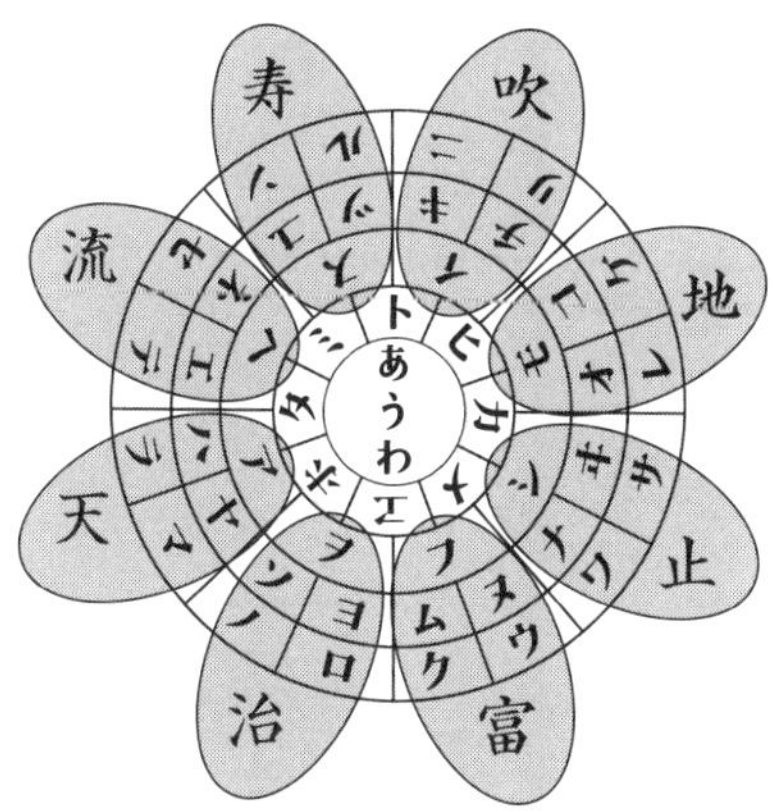

天並神（主神）が示す主象の卦素

天並神（主神）			主象	司神		司神の基象	主神の基象	主象の卦意
①	あ	⊙	天	た	[illegible]	春、東、功、扶け、充たす、足す、左、治める、手、業、	天、空、日、日神、太陽、清浄、玉、陽、男、夫、恵み、春分、	⑤の「も」地と陰陽で釣り合う 「空／天／恵」が強い。陽、主、男、君、夫、神、親、の要素。興業、生産、発展、恩恵
②	い	[illegible]	吹	ひ	[illegible]	初春、西南、氷、風、寒く身が縮む、干す、独り、霊氣	夏秋、風、吹く、嵐、心、争い、脅迫、怒り、重い、恨み、奢り、むさぼり	⑥の「を」治と陰陽で釣り合う 「風」が強い。争乱、諍い、垣根、罪、の要素。蛇、烏、嵐。従う、蟄居、隅、流浪
③	ふ	[illegible]	富	ゑ	[illegible]	冬、北、良い、能く、会合、好、兄（臣）、病、水	富、火、上、親、釣り合う、殖やす、上昇、望む、貪る、遡る、布、冬至、	⑦の「す」寿と陰陽で釣り合う 「治水鎮火」で財をなす。宝、財、官位、才能、肉、糧、の要素。常に過ぎる危険をはらむ
④	へ	[illegible]	流	み	[illegible]	初冬、東南、身を尽くす、苦、三、実、密、訪ねる	春夏、水、流れる、海、雨、塩、女、恩頼、糧、辺、術	⑧の「し」止と陰陽で釣り合う 「拡散平準」へ流れる。潤いや情け、の反面に蕩尽、摩耗の要素。后妃、妻妾、雨、霰
⑤	も	[illegible]	地	か	[illegible]	秋、西、日、陽、光、雷、鏡（臣）、善、香り、赤	地、土、面、茂、興す、興る、喪、衣装、辰砂、秋分	①の「あ」天と陰陽で釣り合う 「地に光さし」繁る。立国、治世、興業、の要素。原点、立脚点、世間評、停滞、浮世
⑥	を	[illegible]	治	ほ	[illegible]	初秋、東北、火、夫婦和睦、調和、馴染む、熱、秀、穂	治む、国、調える、中心、雫、表、首尾良く、生む、万物、慈悲、冬春、節分	②の「い」吹と陰陽で釣り合う 「地／治」が強い。夫婦、君臣、上下が調う。中心、心、雅び、主、糺す、法令、平安
⑦	す	[illegible]	寿	と	[illegible]	夏、南、光、栄え、調える、筋が通る、国、斗の教え、弟	寿、命の源、巣、言祝ぐ、称える、清々しい、火、夏至	③の「ふ」富と陰陽で釣り合う 「命の根が調い」寿を得て称えられる。名誉、叙勲、長寿、健康、の要素。清貧の美徳
⑧	し	[illegible]	止	め	[illegible]	初夏、西北、水、陰、女、娘、恵み、潤い、目、芽	止める、封じる、月、月神、身、肉体、仲間、妻、子供、家臣、秋冬	④の「へ」流と陰陽で釣り合う 「風と水」を止める。稔り、出産、幸、税の要素。母、妻、陪臣。剣、盾、魔物

三十二神（配神）の配象

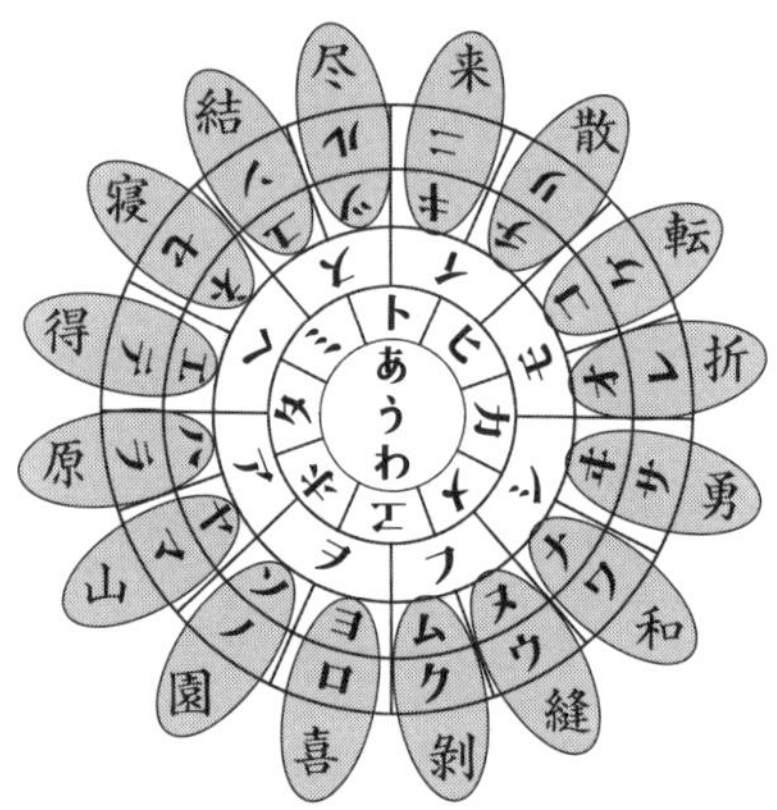

三十二神（配神）が示す配象の卦素

三十二神		璽	配象	三十二神（配神）の卦意
①	ヤマ	[illegible]	山	山、崇める、請い願う、祀る、積み重なる
②	ハラ	[illegible]	原	原、腹、孕む、袋、得る、儲ける、平になる
③	キニ	[illegible]	来	来たる、集まる、出現、東（キ）、兆し
④	チリ	[illegible]	散	散る、融ける、乱す、潰す、逃げる
⑤	ヌウ	[illegible]	縫	縫う、収める、纏める、慎む
⑥	ムク	[illegible]	剥	剥く剥ぐ、外す、向く、向かう
⑦	エテ	[illegible]	得	得る、動き出す、活躍する
⑧	ネセ	[illegible]	寝	寝る，臥す、伏せる、北（ネ）、寝床 隠れ家、隠棲
⑨	コケ	[illegible]	転	転ずる、転ける、つまずく、翻す、落とす、祓う
⑩	オレ	[illegible]	折	折れる、挫ける、畏れる、恐れ、災い
⑪	ヨロ	[illegible]	喜	喜ぶ、産む、興す、発生
⑫	ソノ	[illegible]	園	園、宮、家庭、落ち着く
⑬	ユン	[illegible]	結	結ぶ、守る、弓、琴、浄められる、全うする
⑭	ツル	[illegible]	尽	尽きる、尽くす、過ぎる、滅ぶ、務める、西（ツ）熟
⑮	ヰサ	[illegible]	勇	勇む、諌める、諌め、祓う、鍛える、南（サ）、栄え
⑯	ナワ	[illegible]	和	和す、綯う、縄、導く、通う、出て来る、成る

配象の一覧表は、右の通りです。

例えば、あなたが「あキニ」という「卦」を引き当てたとします。

この卦の、
「主神」は、「あ神」であり、「象文字」は、「天」
「親神」は、「配神キニ神」の上位神である「い神」であり、「象文字」は、「吹」
「配神」は、「キニ神」であり、「象文字」は、「来」です。

すると、
「卦」の象文字は、「天吹来」となります。

また、例えば、あなたが「すユン」という「卦」を引き当てたとします。

この「卦」の
「主神」は、「す神」であり、「象文字」は、「寿」
「親神」は、「配神ユン神」の上位神である「す神」であり、「象文字」は、「寿」
「配神」は、「ユン神」であり、「象文字」は、「結」です。

つまり、
この「卦」の象文字は、「寿寿結」となります。

三つの「象文字」は、ありていにいえば、
「主象の象文字」　どういった状況のもとで
「親神の象文字」　どのような変化がおこり
「配象の象文字」　如何なる結果が生じそうであるか
という具合に読み取ります。

例えば、「あキニ」の「卦」の象文字「天吹来」であれば、
「天」　天の恵みを受ける絶好の条件の下で
「吹」　争乱や風当たりを受ける兆しもあるが
「来」　来て集まるという結果を生みそうである
というように、大要をつかむことができます。

あるいは例えば、「すユン」も「卦」の象文字「寿寿結」を観れば、
「寿」　命の根が調う福禄円満な状況の下で
「寿」　名誉や叙勲、長寿健康をうける兆しもありつつ
「結」　浄められ、全うできる結果を期待できそうである
というように、大要をつかむことができるのです。

ちなみに
「あキニ」のように「主神」と「親神」が違う卦のことを「異席の卦」といいます。
また
「すユン」のように「主神」と「親神」が同じ卦のことを「本席の卦」といいます。
「本席の卦」は、「あヤマ」「あハラ」、「いキニ」「いチリ」、「ふヌウ」「ふムク」、「ヘエテ」「ヘネセ」、「もコケ」「もオレ」、「をヨロ」「をソノ」、「すユン」「すツル」、「しヰサ」「しナワ」の全十六種類の卦があります。
一方の「異席の卦」は、128-16=112　種類の卦があります。

本席の卦であれば、「状況」と「変化」が同じですので、「主象」の卦意が強く作用することはいうまでもありません。

三重（みつかさね）にはご注意を

「本席の卦」では、「主神」と「親神」が同一なので、「主象」の卦意が強く作用することを前項でふれましたが、「卦」のヲシテ文字の「五大」の重なりにも注意が必要です。

例えば、「いチリ」の卦で観ていきましょう。

「いチリ」は、ヲシテ文字で表記すると、「[illegible]」です。五大の「い」すなわち「風」の要素が三つ重なっています。同じ五大の要素が、三つ重なる卦のことを、「みつ凝り」とか「みつ重ね」とかといいます。

この「いチリ」の場合は、「三風凝りの相」となります。五大の中で、「天」「火」「地」はほぼ好相（良い運勢）なので「みつ重ね」と称し、「風」「水」は悪相（悪い運勢）の場合がほとんどなので「みつ凝り」と称するのです。

「いチリ」の卦は、「三風凝りの相」であり、「風」「争乱」「流浪」の卦を持つ「い神」の「本席の卦」ですから、不吉な卦意が相乗されています。吉凶判断は、やはり「大凶」の卦です。

縄文人の吉凶観とは

ここで、「象文字」を観ながら、フトマニ図（モトアケ）をもう一度眺めてみましょう。「宇宙生命の時空図」を表したとされるこの図は、「音の神格を持つ」神々の聖なる配置を示しています。その配置を読み解くことで、縄文人の宇宙観、生命観、吉凶観がおのずと明らかになってくるのです。

「主象」は、八つあります。その八つは、「天と地」「吹と治」「富と寿」「流と止」というように、中心点の「◎ᨒ◎」を挟んで、真逆ととらえることのできるイメージを持つ「象文字」で向き合っています。「真逆」を「陰陽」といい換えて考えることもできます。例えば、「あ◎」の要素を持つ陽性の「天」のまとまりの真逆が、「えㅈ」や「お日」の要素を持つ陰性の「地」のまとまりです。あるいは、吹きすさぶ「い几」の要素のまとまりは、象文字が「吹」。風は陽性ですが、真逆に位置する「お日」の要素のまとまりは、治まるという落ち着きを持つ「治」という象文字です。その「おꕨ」は、風の「いꕩ」の陽性に対して陰性です。陰陽真逆なのです。

この八つの「象」は、巡ります。「主象」を定める主神たる「アイフヘモヲスシ」は、右回りに巡りますので、この流れを象文字でとらえると「天↓吹↓富↓流↓地↓治↓寿↓止」と巡るものと理解することが出来ます。即ちそれは、縄文人が考える、生命の流れ、運勢の流れ、でもあるわけです。

つまり、何かの「起こり」が生じると、それは先ず摩擦や脅威を生む「風」となり、それを（上手く味方に）引き寄せると、力や財といった「富（権力）」となります。ですが、いずれそれは水のように「流」れて崩れ、「地」に染みこみ、初期の目的とは違う展開（＊配象の「転」や「折」）となるものです。その時に、正しく「治」めるもの、働きが出現し、その作用によって健康長寿や万民安楽といった「寿」を得ます。ですが一方で、「寿」は、形骸化と、緩み、堕落の可能性を生みます。ゆえに、踏みとどまり停滞する「止」の局面に移っていくのです。「天」に新たな「起こり」を待ち望む、足踏み状態となるわけです。

フトマニ解読による吉凶判断は、フトマニを占うその時局における判断が、大きな運勢の流れにおけるどの局面に起因し、何が作用して影響しているのか、つかみ取る智慧です。

縄文人が考えていた時局の「流れ」を理解しておくことが大切です。

ここで一つ興味深いのは、「富と寿」の組み合わせです。互いに向き合う「富」と「寿」は、陰陽関係にあるといえるのですが、どちらが陰で、どちらが陽なのでしょう。ちなみに、どちらも『う[ヲシテ文字]』すなわち「火」の要素（陽）を持つ仲間をまとめています。

フトマニ図の中心点の「[ヲシテ文字][ヲシテ文字][ヲシテ文字]」の真ん中は「う[ヲシテ文字]」です。この「う[ヲシテ文字]」は、天地開闢の時の「ウヰのひといき」といって、「初」とか「発」とか「産」とかを意味する重要な音格です。

財や力、権力、名声などの意味をつつむ「富」と、長寿、健康、子宝などの意味をつつむ「寿」との対比。どちらかを取れといわれても悩んでしまいますね。でも、心配しないでください。これはどちらかが「吉」でもう片方が「凶」という訳ではないのです。巡りもの、ととらえていたはずです。ただ、片方に偏ると、もう片方がおろそかになると、縄文人は警告しているのではないでしょうか。

この「富」と「寿」は、季節の区切りとしても重要です。「富」が冬至の頃で、「寿」は夏至（故に、陰は「富」であり、陽は「寿」となります）。縄文人が、夏至と冬至のご神事を大切にしていたのも、その巡りに心配りを怠らなかったからなのでしょう。

次に、「配象」の象文字を観ていきましょう。「天」局の「山と原」、「吹」局の「来と散」、「富」局の「縫と剝」、「流」局の「得と寝」、「地」局の「転と折」、「治」局の「喜と園」、「寿」局の「結と尽」、「止」局の「勇と和」といったように八つのグループです。そしてやはり一つの局内での二つの配象は、相反したり力点が違ったりしています。例えば、「富」を得るにも、「縫」：縫い合わせて育むのと、「剝」：奪い取って我が物にする、というような違いがあります。あるいは、ある動きや時流の流れを「止」めるにも、武力行使や正論での「勇」ある止め方と、合意形成や利益調整とか談合による「和」を尊重した止め方がある、というように、この配象にも対極的、陰陽的な二つの選択肢があるように示されているのです。

「配象」に現れる縄文人の考え方で、興味深いものに「流」局面の「得と寝」があります。「流」れて来るものには財や、力や、幸運や、（あるいは場合によっては悪運や脅威も）ありますが、それを「しっかり受けとめるか」あるいは「気づかずにやり過ごすか」の二つがあると見ている考え方です。「流」れを「避ける」とか「拾っても捨てる」とは考えていません。また、誰にでも公平に「流」れは巡る、つまりチャンスは平等と考えていました。

また、「治」局面の「喜と園」の観点も興味深いです。「治」は大概において、うまく落ち着いている平和な状態ですが、その要素として、「喜」（ヨロ=万／産／興）という生み出す力と、「園」（ソノ=庭／宮／郷／配分の区画の安定）に着目しています。つまり「生み出し、そして分け与える」という仕組みの安定に、「治」すなわち「善政」や「親族円満」のカギがあると見ていたわけです。儲けるだけにあくせくするのも、はたまた取り分だけにこだわっていても、けして平和な「治」を保証はしないと、縄文人はわかっていたのですね。

吉凶判断の裏側を読む

百二十八の卦には、それぞれ吉凶判断が示されています。和仁估安聰写本に記されていたもので、注釈をどなたがつけたのかは不詳です。和仁估安聰さんご自身が付けたのか、伝承者のひとりである吉備真備さんが付けたのか、それ以前からあるものなのかは、現時点では解明できていません。ですがいずれにせよ、大変参考となるものです。

吉凶は、「大吉、中吉、小吉、小凶、中凶、大凶」の六段階です。

私たちが神社などで引くクジには、実は「凶」系のクジ結果はあまり多くはありません。なかには、「大凶」抜きでクジ引きを用意している神社等もあるそうです。日本人は、特に初詣の際におみくじを引くので、新年早々「大凶」では縁起が悪すぎるし、気分を害して翌年からは初詣リストから外されるのではないかという、神社側の配慮もあるとかないとか。

それらの配分と比べると、フトマニの「吉凶判断」は、かなり悪クジが多いと率直に思います。何故でしょうか？

一つの原因としては、モトアケが宇宙の構造図なので、「善と悪」「陰と陽」がほぼ二分されているから、吉凶がほぼ半ばするということがあるのかもしれません。

しかし、もう一つの要因として、縄文時代に神々がフトマニの占断を必要としたのは、いずれもかなり緊迫した、なにか（嫌な）予感がする場面であることが多かったからかもしれません。農作物の作況を占う定期的なフトマニもあったでしょうが、地方視察官（ヨコベ、ツウジ、メツケなどの地方長官や査察官がいたことがホツマの伝承にあります）からの情報を得て、何かを占断するとか、差し迫った必要がある時にフトマニの啓示が必要とされたのです。ですから、「悪状況は早めにキャッチしたい」という、そもそもの前提があるから故なのかもしれません。

いずれにしても、「対処すべき心得」の拠り所として、フトマニは編集され、筮歌も勅撰されています。

「手当をするなら何処に手を入れれば良いか」
「そもそもの原因をどこにあると反省すれば良いのか」
「ジタバタせず今はじっと謹慎している方が良いのか」
「上手くいっているとしても気をつけるべきところは何か」

などの心得を得ようとして、神々はフトマニを占ったのです。

ですから、ことさら吉凶に一喜一憂することなく、すべて「過去の反省」と「今後を乗り切るための心得」として捉えることが大切です。

次章からは１２８の卦が示す意味（卦意）を一つずつご案内します。事業運や恋愛運など、願意ごとに説明していますので、あなたに必要な項目だけを拾い読みしていただければ結構です。

第4章

フトマニ歌占い一二八首

アマテラスにより三千年以上前に撰集された歌

現在伝わる『フトマニ』写本のうち、最古のものは、以下に引用する和仁估季聰（安聰）が編纂した『神勅基兆傳太占書紀（かんをしてもとうらつたゑふとまにのふみ）』が原本となっています。この書は、神代文字（ヲシテ文字）によるフトマニの歌（本書では漢字仮名交じりの訓み下し文）、七言四句の漢詩による註釈（本書では省略）、吉凶判断（本書に掲載）がそれぞれの「卦（歌）」に付されています。

加えて、季聰による序文（奉呈文）と、神代文字によるフトマニ図、「卦象文字」で註が付されたフトマニ図、さらには、七言二十句で漢文表記された来歴の説明文が加えられています。

季聰の序文（奉呈文）では、アマテル大御神が、フトマニ歌の撰集を発意された経緯を簡潔に述べています。

フトマニオノブスエトシ

フトマニハ　インシアマカミ
トトホコオ　サツケタマエハ
フタカミモ　クニツチヨロノ
ミチウミテ　キミタルカミオ
ウマントテ　ヒヒメミヲカミ
ウミマシテ　シラスルクニノ
マツリコト　ミコワカヒトニ
サツケマス　ウケテアマテル
ヲヲンカミ　ヤモヨロカミニ
ミコトノリ　コノフトマニノ
ヨソコヲハ　モトモトアケノ

フトマニを悦（の）ぶ　季聰（和仁估安聡＝大直根子）

フトマニは　去（い）んし天神（あまかみ）
斗と矛を　授け給えば
両神（ふたかみ）も　国土万（くにつちよろ）の
道　生みて　君たる神を
生まんとて　一姫三男神
生みまして　治（しら）する国の
政治（まつりこと）　皇子ワカヒトに
授けます　受けてアマテル
大御神　八百萬守（やもよろかみ）に
勅言宜り　このフトマニの
四十九素は　元々明けの

サコクシロ　アメノヲミヤニ
ヨルカタチ　ソバニトホカミ
ヱヒタメノ　ヤカミハヒトノ
タマノヲオ　フクミフラセテ
ナガラヱオ　ユスビヤハセバ
アイフヘモ　ヲスシノカミハ
キツヲサネ　ヰクラムワタオ
トトノエリ　ミソフノカミハ
ミメカタチ　ヒヨノマニマニ
マモラセハ　コノフトマニオ
モトウラト　ヨロハノアチオ
カガナエテ　ココロミヨメト
ヨマシメテ　カミハシレヲサ
ソヱケツリ　モモフソヤウタ
エリタマフ　モトラツタエノ

サコクシロ
拠る象(かたち)
ヱヒタメの
魂の緒を
永らえを
アイフヘモ
キツヲサネ
調えり
眉目象(みめかたち)
守らせば
基兆(もとうら)と
かがなえて
詠ましめて
添え削り
撰(え)り給ふ

天の御祖に
側にトホカミ
八神(やかみ)は人の
含み降らせて
ゆすび和(やわ)せば
ヲスシの神は
五座六腑(ゐくらむわた)を
三十二(みそふ)の神は
日夜(ひよ)の**まにまに**
このフトマニを
万葉(よろは)の味（天霊）を
心見（試み）詠めと
神(アマテル)は領長(しれおさ)（編集長）
百二十八歌
基兆(もとら)伝えの

フミゾタフトキ　書紀ぞ尊き

ミワノスエトシ　三輪大臣の季聰（安聰）謹序

序文によれば、イサナギ・イサナミの両神からマツリゴト（政事）を嗣がれたアマテル大御神が、その聖なる精神を具現化するために、フトマニ図（モトアケ）が示す託宣を素直に正しく解釈するために、註釈の歌を詠ませたことがわかります。アマテル大御神から、この重大なる「お題」を与えられた八百萬（やもよろ）の神々（臣たち）は、ずいぶん苦労されたと思います。朝廷の指針となる歌を詠めと命じられたわけですから（太字の部分は、フトマニの語源ともいえる語句です）。

推定三千年以上前撰集のこれらの歌が、いまに伝わることは、我が国日本の奇跡といえます。じっくり味わいたいものです。

フトマニ歌占いページの見方

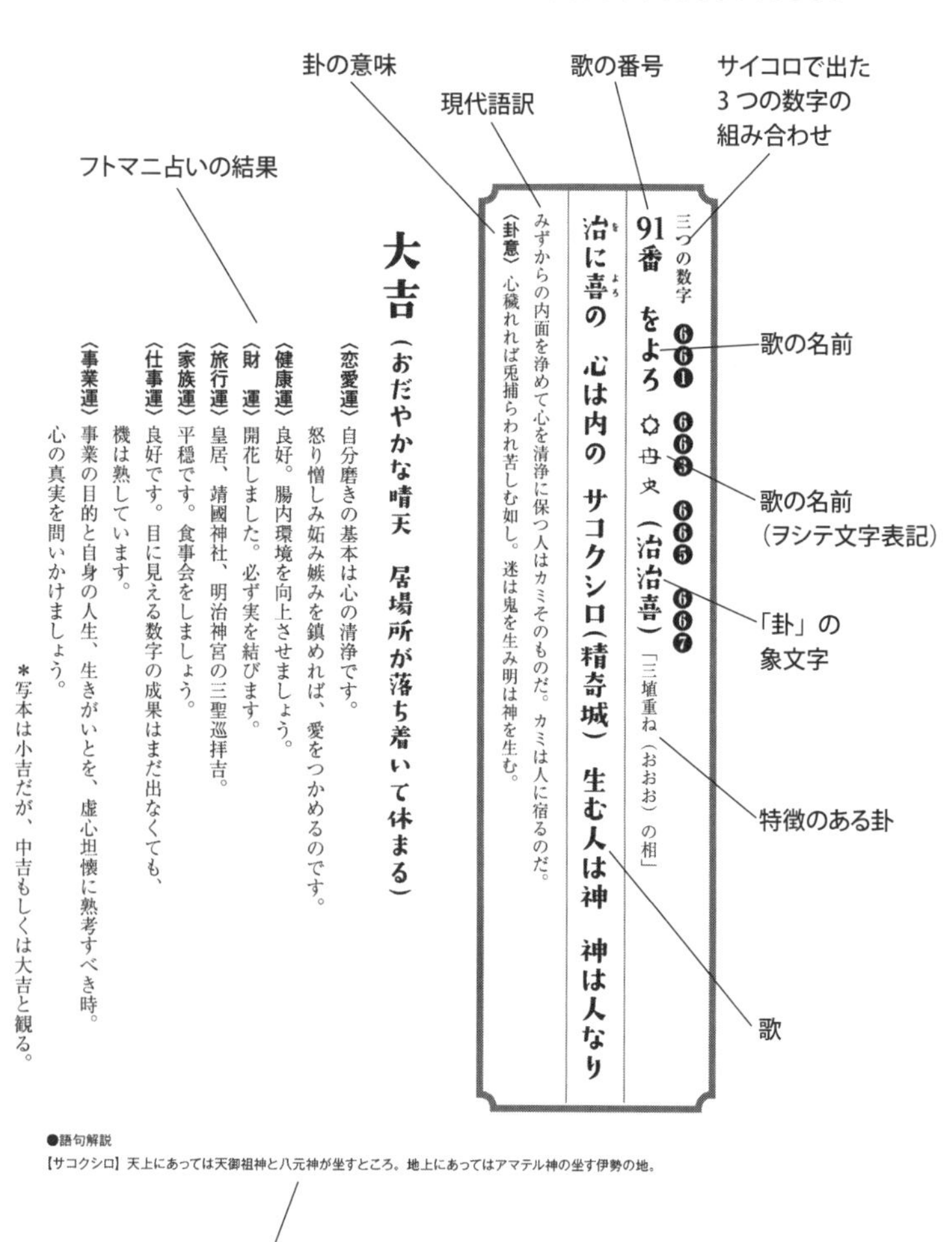

三つの数字　❶❶❷　❶❶❹　❶❶❻　❶❶❽

1番　あやま　◎　（天天山）

「三陽重ね（あああ）の相」

天（あ）の山の　中ウツロヰが　淡（あわ）の砂　九曜（こほし）の胞衣（ゑな）の　宗（むね）ぞ編みける

蓬莱山にウツロヰ神が琵琶湖から砂を運んで来る。天を象る八峰の中心が完成する素晴らしき時が来る。

〈卦意〉空神も機を得て恵神となる。相反する対立項が上下一直線に重なる機会を、見逃さないように。

大吉（快晴　思いがけない贈り物）

〈恋愛運〉二人は固く結ばれるでしょう。欠けていた最後のパーツを、誰かが届けてくれます。

〈健康運〉頭は冴えますが、運動不足に注意。

〈財　運〉積年の積み立てが、花開きます。

〈旅行運〉高原地やハイキングに吉。富士五湖巡り。

〈家族運〉モヤモヤが晴れて家内円満に。

〈仕事運〉障害と思い込んでいた壁やライバルが、実は機会をもたらしてくれます。転職は、抜擢スカウト以外は自重のこと。

〈事業運〉社業は順調。念願の目標を達成する日も近いです。長年のライバル社の変化に乗じて、劇的に進展します。

●語句解説

【ハラミ山】富士山の古称。長寿の霊草「は草」「ら草」「み草」が自生。万物の根源。孕むの意。蓬莱山。→ P202

【ウツロヰ神】時空の「間」を司る神。さわり神。丑寅の金神の元。東北に坐す。味方につけると鬼に金棒。→ P195

【淡】琵琶湖のこと。あわ海。天地（あわ）の巡りの聖地。周辺地に古代都が変遷した。→ P195

【九曜】天御祖「太一」を中心として「トホカミヱヒタメ」八元神が囲む。時空を司る大宇宙の守護神の陣営。→ P197

三つの数字　❶❶❸　❶❶❺　❶❶❼　❶❶❾

2番　あはら　◎⦶⟑（天天原）「三陽重ね（あああ）の相」

天の原は　神の集まる　人の腹　雫（しつく）に業（わざ）の　道ぞ生みける

高天原は神々の集まるところであり人々の中心都。そこから発する教えに社会の発展の道が開ける。

〈卦意〉 丹田に神在り道を生む。切り捨ては集中ではない。源流は万葉を生む。本源に賑わいを。

中吉　（晴れ　仲間に感謝）

〈恋愛運〉 今居るところで、恋愛は成就します。あなたが大切にしてきた教えに従いましょう。

〈健康運〉 快調ですが、胃腸の検査を受けましょう。

〈財　運〉 主力の投資先が堅調です。

〈旅行運〉 広い空を見上げられる場所が吉。

〈家族運〉 家族の願いが一つになれば叶います。

〈仕事運〉 チームワークが成否の鍵。連絡伝達と活発な意見交換が、順調な成果をもたらします。

〈事業運〉 中心軸がブレないことが成功の鍵。創業の精神は、本業を極めた展開の彼方にも発揮されます。

●語句解説

【タカマ】天上界にあっては守護神陣の中心、地上にあっては政治（まつりごと）の中心。中央政庁。→P199、P203

【人のハラ】地上のハラミ山（富士山の古称。長寿の霊草「は」「ら」「み」草が自生）のハラミ宮。→P201

三つの数字　❶❷❶　❶❷❸　❶❷❺　❶❷❼

3番　あきに　◎巾井（天吹来）

「アキニの卦／ホノアカリ天下り20綾／菅原道真」

天来（き）にとは　東風（こち）に氷（ひ）も溶け　罪逃がる　告ぐ御心（みこころ）の　春ぞ来にける

温かい東風に寒さも和らぎ、冤罪は許される。誠意が伝わって待ち望んだ春が来る。

〈卦意〉天より追い風。準備あれば風に乗る。貧民は苦を脱し福を得る。東方に吉。

小吉（曇りのち晴れ　気がかりが解決）

〈恋愛運〉二人の誤解は解けて、真実の思いが伝わります。春は近い。

〈健康運〉ウツな気分も晴れる兆し。

〈財　運〉散財したけれど、挽回できます。

〈旅行運〉東風に乗り、西の国へ行くのが吉。

〈家族運〉行き違いがあるけれども、反省すれば良い方向へ進みます。

〈仕事運〉失敗や叱責も、素直に反省すれば好機につながります。風向きを確かめて波に乗ろう。

〈事業運〉好機到来。発展を阻害してきた足かせが取れます。市場がにわかに注目されてきます。

●語句解説

【アキニ歌】オシホミミ神の二人息子の兄ホノアカリが、任地に天下りする際にフトマニで出た卦。20 綾。→ P195

【菅原道真】→ P199

【東風】→ P198

三つの数字　❶❷❷　❶❷❹　❶❷❻　❶❷❽

4番　あちり　◎朩内（天吹散）

天の散りの　花も我が身の　移ろゐか　忍びの声の　鳴り響くやは

花のように輝いていた身も時が移り変わって衰運となる。押し殺されていた声が噴出する。

〈卦意〉風向き変わり熱が冷める。好調の要因を、実は正確に分析していなかった。前科がばれる。

中凶（雨ところにより豪雨　身の退きどころ）

〈恋愛運〉愛は冷めかかっていて、今まで我慢していた不満が無視できなくなります。

〈健康運〉頭痛に注意。陰気がこもっています。

〈財　運〉かなり損します。静観が必要。

〈旅行運〉宇陀の八咫烏神社と伊賀の敢国神社を参拝する。

〈家族運〉お互い我慢していた不満が噴出。

〈仕事運〉イケイケの時に犯した過ちが、今頃になり問題化。あちこちギクシャクし始めます。

〈事業運〉低迷期を彷徨います。圧殺していた不満・不備が、各部署に露呈してきて、対応に追われます。

●語句解説

【ウツロヰ神】時空の「間」を司る神。さわり神。丑寅の金神の元。東北に坐す。味方につけると鬼に金棒。→ P195

三つの数字 ❶❸❷ ❶❸❹ ❶❸❻ ❶❸❽

5番 あぬう ◎ ⏅ ◬（天富縫）

天縫うなる 御衣の所縁は 清御師使の 裳裾に満つる 恵み縫うなり

下々の（裳裾の）幸せに手厚く目を配る役人の働きで大君の恵みが社会に行き届く。

〈卦意〉天の扶けを得て徳を積む。士は勤功を積んではじめて扶けを得る。末端の声を聴け。

大吉（快晴　助っ人現る）

〈恋愛運〉あなたのことを助けて指導してくれた人が幸運をもたらし、本命との出逢いがあります。

〈健康運〉頭も冴えて食欲増進。胃のもたれに注意。

〈財　運〉絶好調です。不思議なくらい儲かります。

〈旅行運〉北海道や、東北への美食旅が吉。

〈家族運〉三世代がまとまって、幸せ気分に。

〈仕事運〉諸先輩の恩恵と、ボスの理解を得て、業績は絶好調。部下の気持ちを汲むことを忘れないように。

〈事業運〉社長の意を汲む幹部の働きで、社業が進展します。方針の徹底が末端まで行き届いており、良好に。

●語句解説

【サヲシカ】アマテル大御神の勅使。斗（ト）の教え、妹背（イセ）の教えを諭す。伊勢御師や富士御師の源流。→ P198

【裳裾】アマテル大御神が大悟した道義政治の大切な原理。下々の痛みを自らの手足の傷のように感じ取ること。→ P204

三つの数字 ❶❸❶ ❶❸❸ ❶❸❺ ❶❸❼

6番　あむく　◎ 仐 山（天富剝）

天を剝けど　高き望みの　届かぬも　鳴る神晴れて　天向くなるなり

天に背けば、野望もけして成功はしない。雷鳴に我が非を悟って天に従うのみであろう。

〈卦意〉青天の霹靂に我が非を悟る。伸長を前提の投資は過信。強気で超えられぬ壁も在る。

大凶（大雨のち曇り　欲かいて叱られる）

〈恋愛運〉自分勝手に高望みしてもダメ。おかした失敗は反省して、まず自分を変えよう。

〈健康運〉胃を痛めるか、筋肉痛に悩みます。

〈財　運〉高望みして大失敗。

〈旅行運〉サウナで寛ぐ程度が吉。

〈家族運〉一族の掟に背いて、ひどい目に遭います。

〈仕事運〉これくらい許されるだろうと犯した過ちが命取り。猛省が必要です。

〈事業運〉抜け駆け、横紙破り、過大投資が社業を傾けます。自主更生が喫緊の課題。

●語句解説

【鳴る神】→ P201

三つの数字 ❶❹❶ ❶❹❸ ❶❹❺ ❶❹❼

7番 あえて ◎ [ヲシテ文字] （天流得）

天を得ては 思わぬ恩頼（ふゆ）の うらやみも 勤め天得（あえ）ては やはり得るなり

思いがけない恵みも、他者をうらやんでも仕方ない。己が勤めを忠実につめば自ずと得るもの。

〈卦意〉他利に好機を学ぶ。恵みも忠実（まめ）なら廻りもの。妬みに益無し。

小吉（曇りのち晴れ うらやましがらずにコツコツやる）

〈恋愛運〉他人の幸せをうらやんでいないで、自分の小さな幸せを育みましょう。

〈健康運〉脳梗塞に注意すれば助かります。

〈財　運〉得したり損したり。地道が肝要。

〈旅行運〉湖畔や川沿いの温泉地が吉。

〈家族運〉小さな幸せに気づいて感謝します。

〈仕事運〉一進一退、はかどらないように見えて実は順調。天職と思って取り組み吉運に。

〈事業運〉他社の進展を謙虚に学び、そこにヒントを得て社業に活かします。積んだ努力は実を結びます。

●語句解説

【恩頼（ふゆ）】恩恵、恵み。ふゆを成す。天恩頼（あふゆ）。御霊のふゆ。天からの大悲。観音様の慈悲。→ P202

三つの数字 ❶❹❷ ❶❹❹ ❶❹❻ ❶❹❽

8番 あねせ ◎ （天流寝）

天の寝せは 事代主が 美保の釣り 父が鈴明（スズカ）の禊（みそ）ぎなすまで

事代主神がのんびり釣りをしているように見えるのは、父が執着を脱し改心することを信じて待っているため。

〈卦意〉穏やかな諫めが肝を刺す。果報は寝て待て。

大吉

（晴れのち快晴 信頼に応えて心機一転）

〈恋愛運〉あなたは不誠実でも相手は信じてくれています。性根を入れ替えて真実の愛に目覚める時。

〈健康運〉悪いところを知る決断と共に、病苦も克服。

〈財　運〉この局面で損切りして大成功。

〈旅行運〉出雲参りか、津軽海峡へのんびり旅が吉。

〈家族運〉心を開けば親子でわかりあえます。

〈仕事運〉正しいと思ったことはキチンと伝えましょう。でも、あくまで相手を敬いつつ、が大切。

〈事業運〉身を切る改革により、事業は伸展。ライバル社は不正取引等の発覚で撤退。内部監査を厳重に。

●語句解説

【事代主神】ソサノヲの孫のクシヒコ。（ソサノヲ→オホナムチ（クシキネ）→クシヒコ）大物主（職）の副官。→P198

【美保の釣り】→P203

【スズカ】鈴明。我欲（ホシ）を昇華した精神。世のため人のために仕える心のありかた。逆はスズクラ。→P199

【ミソギ】禊ぎ。心身のケガレを洗い流しそぎ取ること。浜、川、滝で禊ぐ。和歌は心のミソギ。→P203

三つの数字 ❶❺❷ ❶❺❹ ❶❺❻ ❶❺❽

9番 あこけ ◎ 𛀀 𛀀 （天地転）

天の転けは 邪矢知るやも 羽新なせ 天転け来る魔の 巡り有らねば

不吉な知らせを知ったら、すぐに戦闘準備をとれ。大きな破壊の魔の手がやってくるぞ。

〈卦意〉絶好調の翌朝に危機は招来す。常の備えに果断な対処。そろそろ来るかもしれない魔境は必ず来る。

大凶

（雷警報 やばいぞ覚悟決めろ）

〈恋愛運〉嫌な予感は図星かも。覚悟を決めないとメチャクチャになってしまいます。

〈健康運〉突然の脳卒中、脳梗塞の恐れあり。

〈財　運〉危険水域です。手じまいと防衛策を急いで。

〈旅行運〉旅行なんてダメ。地元でお百度参り。

〈家族運〉悪い予感は的中。家族を守るのはあなたです。

〈仕事運〉転職するなら、早めに行動を。濡れ衣を着せられ、トカゲの尻尾切りに利用されないように注意。

〈事業運〉危機迫っています。市場の動きに注意。従来想定以上のダメージを推定して、早急に万全の対策をとること。

三つの数字
10番　あおれ　❶❺❶　❶❺❸　❶❺❺　❶❺❼

◎曰臾（天地折）　「シラヒト・コクミ不倫事件」「大祓詞」「7綾」

天折れとは　シラウト・コクミ　子と母と　他所妻（よそめ）を犯す　名折れなるかな

シラヒトとコクミの成り上がりどもは不倫をほしいままにして取り立ててくれた恩人の名を汚す。

〈卦意〉成り上がり、しばしば名を汚す。天徳の傘に隠れる邪悪は肥え太る。

大凶

（大雨洪水警報　早く手を切れ）

〈恋愛運〉紳士（淑女）面していても、相手は鬼畜です。付き合いを続けると、信頼を失います。

〈健康運〉交通事故、骨折に注意。

〈財　運〉うかうかすると、根こそぎ失います。

〈旅行運〉九州旅行、住吉社参拝が吉。

〈家族運〉不倫は禁止。家族を崩壊させると肝に銘じましょう。

〈仕事運〉転職するなら早めに行動。不正を知ったら、勇気を持って内部告発した方が良いです。

〈事業運〉業績を伸ばす手腕（部署）に目こぼししていると、訴訟沙汰に巻きこまれます。

●語句解説

【シラヒトとコクミ】個人名。白人と胡久美（「大祓詞」の表記）。ネ国の高官に取り立てられたが悪行をなす。→ P199

三つの数字 ❶❻❶ ❶❻❸ ❶❻❺ ❶❻❼

11番 あよろ ◎ 𠀋𠀋（天治喜）

天の喜（よろ）の 欲しを鎮めて ありのまま 往めば喜ぶ 時ぞ有りける

欲望を制御して自然体で生きていれば必ず良いことが訪れるもの。

〈卦意〉珍席を好むな。高位を望むと隅が破れる。慎めば旧功が評価されうる。

小吉（曇りのち晴れ 自然体で行こう）

〈恋愛運〉わがままを言わないで、今の幸せに感謝しよう。まずは同棲で確かめてみたら？

〈健康運〉頭痛も便秘も回復へ。

〈財　運〉損はしません。とりあえず良しとしましょう。

〈旅行運〉お城巡りの旅が吉。

〈家族運〉今が幸せと、後で実感。

〈仕事運〉内部固めは、ほぼ順調。飛躍を望まず一歩一歩進めば、上手くいきます。

〈事業運〉社内の風通しを良くし、自由闊達な社風につとめれば、業績はゆっくり好調へ。

●語句解説

【欲し（ホシ）】我欲。我執。欲望。タマ（精神）とシヰ（肉体）からなる人間のシヰの陰性がむさぼるもの。→ P202

三つの数字 ❶❻❷ ❶❻❹ ❶❻❻ ❶❻❽

12番 あその ◎ 毋田（天治園） 「21綾」「生姜と茗荷」

天園(あその)世の 鳴る神雄芽(かんをが)も 祇雌芽(すみめが)も 別けや還らん 楽しき地(わ)なり

大きな雷鳴の如き神々の怒りには供物や祈りを捧げ、臣民が分別をつければ平安な日々が還るであろう。

〈卦意〉 大難を小難に。煩雑な業務に追われると初心を忘れがちと戒める。

小凶

（雷注意報のち晴れ　叱られたら素直に）

〈恋愛運〉 大きな試練が訪れたとしても、感情に流されずに、分別を持って愛を育てましょう。

〈健康運〉 消化器系の病気に注意。

〈財　運〉 損を出しましたが、打った手立ては効果があります。

〈旅行運〉 落雷に注意。遊園地で楽しく過ごせます。

〈家族運〉 騒ぎは収まり一段落。食事会をしましょう。

〈仕事運〉 失敗や叱正を受けますが、教訓にすれば挽回の機会を得られます。

〈事業運〉 紆余曲折、試行錯誤は覚悟の上。創業時の志を見失わず、処理に努めましょう。

＊写本は大凶だが、小凶もしくは大吉の誤記と観る

●語句解説

【生姜と茗荷】生姜をヲガ（雄香）、茗荷をメガ（雌香）と呼称した。ともに毒落としや厄除けの効果を持つ。→ P204

三つの数字 ❶❼❷ ❶❼❹ ❶❼❻ ❶❼❽

13番　あゆん ◎ ⚲ ※ （天寿結）「ミカサフミ」

天の結んの　豆に柊の　群咲や　間をウツロヰの　春へ惹くらん

そそのかしの神により魔が刺すことがあっても、鬼遣らいを皆で行えば春は来るもの。

〈卦意〉内に居たから「鬼は外」。太平の世に鏑矢が鳴り響く。

小凶（曇りのち晴れ突風に注意　ぼやぼやしない）

〈恋愛運〉倦怠期に魔が差すこともあり注意。明るくて楽しめるところへ出かけて気分転換。

〈健康運〉左手、骨に注意。肝臓をいたわること。

〈財　運〉損失を出したのは、魔が差したから。

〈旅行運〉節分祭には参加。京都旅行は吉。

〈家族運〉家族で大掃除をすると吉。

〈仕事運〉環境は整っているのに、成果を発揮できていません。沈滞ムードを吹き消す仕掛けを考えましょう。

〈事業運〉儲け話や名誉心をくすぐる誘いに注意。社内や自らのマンネリ感を、刷新する必要があります。

●語句解説

【ウツロヰ神】時空の「間」を司る神。さわり神。丑寅の金神の元。東北に坐す。味方につけると鬼に金棒。→ P195

【豆と柊】節分、鬼やらいに供える神饌。豆まきの豆。柊は葉の形状から「魔を寄せ付けない霊力」を願った。→ P203

三つの数字 ❶❼❶ ❶❼❸ ❶❼❺ ❶❼❼

14番　あつる ◎ 卆 亼（天寿尽）

天の尽るに　位も業も　譲るとは　知るも知らぬも　定めつるかな

地位や役職も時が来れば後進に譲らざるを得ない、世の定めなり。

〈卦意〉智は愚を為し、愚が智を為す。先ずは自身の出処進退を決す。

大凶（長雨警報土砂崩れ注意　潔く後進に道を譲る）

〈恋愛運〉あなたはもう残念ながら必要とされていません。幕はもう下りたのです。

〈健康運〉肝臓に注意。脳循環器系の病も。

〈財　運〉ここで万事休します。

〈旅行運〉大切な人と温泉で連泊しましょう。

〈家族運〉息子や娘の言うことに耳を傾けましょう。

〈仕事運〉転職先には、あなたを迎える仲間がいます。次の人生を考えましょう。

〈事業運〉世代交代、抜本的な若返り、重職の解任が必須。かつての功臣も老害となることがあります。

三つの数字　❶❽❶　❶❽❸　❶❽❺　❶❽❼

15番　あゐさ　◎丹⊖（天止勇）

天の勇（いさ）め　君は臣あり　親は子の　ともに宝の　巡るなりけり

良き君には良き臣が育ち、良き親には良き子が育つ。上に立つ者が育む宝は受け継がれるもの。

〈卦意〉父は子の諫めを用い、民は朋の諫めに拠るべし。財金は天下に配通す。

大吉（快晴　育ててきて良かった）

〈恋愛運〉相手のご先祖さまとあなたのご先祖さまは良縁です。子宝にも恵まれます。

〈健康運〉自己免疫力が向上しています。

〈財　運〉想定外の遺産が入るかも。

〈旅行運〉お伊勢参り、浅間社参拝、善光寺詣でが大吉。

〈家族運〉福禄円満で大吉です。

〈仕事運〉上司の戒めを守って築いた信頼で、業績をおおいに伸ばします。

〈事業運〉上意下達が上手く機能し、お互いが理想のために、相手の意見を尊重し合えています。

三つの数字

16番　あなわ　❶❽❷　❶❽❹　❶❽❻　❶❽❽

◎⊕㇀（天止和）

天の和の　道も妹背の　仲人も　強きも和す　天和なりけり

天のはからいというものは、世の中の筋目も男女の仲も、良き導き人により凸凹が調えられるものだ。

〈卦意〉強き友一つを破りて和を為す。取引対手と見るか協業相手と見るか。

中吉（一日中晴れ　キューピット現れる）

〈恋愛運〉二人のことを気にかけてくれる仲人役が、きっと善処してくれるでしょう。

〈健康運〉瞑想で脳を休めましょう。腎臓注意。

〈財　運〉良き仲介人を得て僥倖を得ます。

〈旅行運〉住吉社、香取神宮参拝に吉。

〈家族運〉懸念の縁談がまとまります。

〈仕事運〉仲介者に気に入られて仕事がはかどります。ライバルを仲介者に変える手がありそうです。

〈事業運〉仲介者の絶妙な働きが効を為します。仲介者は利で動いているのではなく、義に篤いと知ります。

●語句解説

【妹背（いもをせ）】夫婦のこと、いもせ。さらに略して「イセ」則ち「伊勢」。伊勢の道は女男相和の道。→P195

三つの数字　❷❶❷　❷❶❹　❷❶❻　❷❶❽

17番　いやま　（吹天山）

吹（い）山なる　高きは聳（そび）え　降りやせん　折りに装（よそ）ふて　敬（ゐやま）なるべし

高位にある者は下々の気持ちとかけ離れがちなもの。自ら下々に寄り添うことで本物の尊敬をうけるのだぞ。

〈卦意〉謙を備えずば孤なり。災害時における皇室の方々の御幸（慰問）の姿に学ぶ。

中凶（一日中雨　自分からへりくだる）

〈恋愛運〉立場の違いが二人の仲を疎遠にしています。あなたがまず寄り添うことが大切です。

〈健康運〉呼吸器官に注意。喉の異変にも。

〈財　運〉困っている人に援助すると吉

〈旅行運〉山登りや高原地帯は避けましょう。

〈家族運〉家族の最年少者の意見を尊重しましょう。

〈仕事運〉能力のある人ほど、未熟な後進をいたわりましょう。悩み相談につきあうと吉。

〈事業運〉社長や幹部職と、現場の気持ちが離れています。まず、トップが現場の実態を謙虚に知るべき。

三つの数字 ❷❶❶ ❷❶❸ ❷❶❺ ❷❶❼

18番 いはら （吹天原） 「16綾」

吹の原の 身は種妊む 常陸帯 帯びぬ剣の 宝降るなり

懐妊の吉兆あり。女性とは、力で宝を築くのではなく自然体で宝を育むのですね。

〈卦意〉争い無きが財を生む。ういのひと息、胎に入る。強きを避け弱きを護る。

中吉（晴れ今夜は満月 無手勝流でいく）

〈恋愛運〉男と違って、女は強さよりも愛嬌。
風を受けても明るく受け流そう。懐妊の兆しもあります。

〈健康運〉良好です。懐妊かも。無理は禁物。

〈財　運〉丹念に育てたものが利益を生みます。

〈旅行運〉筑波神社や、東国三社巡りに吉。

〈家族運〉円満順風。親戚の出産にはお祝いを。

〈仕事運〉順調です。じっくりと取り組んできた成果が花開きます。
些末な論争は避けましょう。

〈事業運〉事業発展の種が根付いた吉の暗示があります。
攻めではなく育てる方針が好循環を生みます。研究開発吉。

●語句解説

【常陸帯】妊婦が流産を避けるために腹に巻いた聖なる帯。今でいう岩田帯。父の身長に合わせて織る。→ P202

三つの数字　❷❷❶　❷❷❸　❷❷❺　❷❷❼

19番　いきに　（吹吹来）

「三風凝り（いいい）の相」

吹(い)の来(き)にの　東西南(キツサ)に臣の　争ひも　西南男(ツサを)は止めて　東(キ)にや逃くらん

臣下の者に三つ巴の争いが生じている。二者は留まるが、一者は逃げてまだ隙を狙うかも知れない。

〈卦意〉三つ風凝りて中央（ヲ）は縮む。心肺肝を破る。失物は北の林に有り。

大凶（大雨強風警報　三つ巴に巻きこまれるな）

〈恋愛運〉やっかいなライバルが出現しています。おとなしく引っ込んだと思っていても、油断できません。

〈健康運〉風邪、肺炎から心筋梗塞も。

〈財　運〉極めて危険な状態。手仕舞いを。

〈旅行運〉奈良の龍田大社参拝が吉。

〈家族運〉ギクシャクしています。自重を。

〈仕事運〉仲間割れが生じて、逆境です。問題人物を排除したと思っても逆襲されるおそれが。

〈事業運〉衰運の兆し。市場の共食い、あるいは幹部の不毛な対立があります。逆風の嵐。

●語句解説

【キツヲサネ】東（キ）西（ツ）中（ヲ）南（サ）北（ネ）。縄文時代の方位の呼称。→ P197

三つの数字　❷❷❷　❷❷❹　❷❷❻　❷❷❽

20番　いちり　（吹吹散）

「三風凝り（いいい）の相」

吹（い）の散りの　争う三つの　国の琴　君が平土器（ひらべ）に　弾きや散るらん

三つ巴の争いが生じている。大君が安穏として、天地に祈り平安の楽曲を奉献しても琴の音は響かない。

〈卦意〉三つ風吹いて楽は消ゆ。風無きところへ籠もるべし。

大凶

（強風波浪警報　残念ながら祈り通じず）

〈恋愛運〉複雑な関係が泥沼状態です。優雅な夢を見ている場合ではありません。

〈健康運〉風邪、肺炎、肺がん、喘息の悪化も。

〈財　運〉水面下で資産価値が暴落しています。

〈旅行運〉伊勢内宮の風日祈宮に参拝が吉。

〈家族運〉知らぬは、父（あるいは母）だけ。

〈仕事運〉チームは崩壊状況なのに、まったくもってボスは認識が甘いです。転職するなら他業種へ。

〈事業運〉社業は存亡の危機。三重苦。蓄積も吹き飛ばす勢いです。為替激変、市場消失、大手参入など。

●語句解説

【琴】和琴（やまとこと）。イサナギが三弦琴を創作し、五弦琴に発展し、アマテルが六弦琴を完成させた。→ P198

【ひらべ】平皿土器。お供え物を載せる皿。神聖な土を採取して焼き上げることで霊力を発揮する。→ P202

三つの数字 ❷❸❷ ❷❸❹ ❷❸❻ ❷❸❽

21番 いぬう ㄇ ㄙ ㄙ（吹富縫）

吹縫うなる　臣は誇りて　子は奢る　逸る炎光や　綻びるらん

臣下は思い上がっており、子らには傲慢な兆しが見える。自信過剰がなせる熱情は、やがて綻びを来すだろう。

〈卦意〉身の程を悟り謙れば復た縫う如し。盛者に慢の毒在り。失火に注意。水や土に触れる奉仕作業は吉。

中凶

（熱中症に注意　贅沢が命取り）

〈恋愛運〉経済的援助を受けている方、あるいは愛されていると うぬぼれている方に奢りがあり、破局の危険。

〈健康運〉風邪で弱って胃を痛めます。右手に注意。

〈財　運〉右上がり予測は外れます。

〈旅行運〉子安観音を参詣する吉。援農ツアー吉。

〈家族運〉わがままな子供には釘を刺すこと。

〈仕事運〉部下たちは仕事を舐めているきらいがあり、不吉です。あなた自身のうぬぼれが原因かも。

〈事業運〉幹部の豪腕、現場の思い上がりが蹉跌を生みます。下請けや取引先への無理強いが見逃されてないだろうか。

三つの数字 ❷❸❶ ❷❸❸ ❷❸❺ ❷❸❼

22番　いむく　冂 仐 山（吹富剝）

吹の剝くは　炎の過ちと　慎みて　望みも逃けの　颪にや向くらん

攻撃的な感情の高まりを抑制しなければ、望みも願いもいつしか風に飛ばされるだろう。

〈卦意〉君が税を課せば国失う。民が官位を望めば身を災う。流れに沿うか北に赴くべし。火の用心。

中凶

（熱射病に注意　当たり散らしても解決しない）

〈恋愛運〉自分か相手の熱情が高まりすぎて、危険な兆候があります。放っておくとヤバイ目に遭うかも。

〈健康運〉筋肉痛、胃の支障に注意。

〈財　運〉過去の僥倖はしばらく来ません。

〈旅行運〉熊野巡拝や、愛宕神社巡り吉。

〈家族運〉子供たち、あるいは親に過大な要求をしてはいけません。

〈仕事運〉イケイケムードで乱暴運転していると、しっぺ返しを受けます。冷静さを取り戻しましょう。

〈事業運〉強気の投資や販路拡大を見直す時期。市場の変化により、競合優位でなくなりつつあります。

23番　いえて　（吹流得）

三つの数字　❷❹❶　❷❹❸　❷❹❺　❷❹❼

「25綾」

吹得て練る　翁が塩も　目一神も　ヘゾ女ヨト女も　愛女や　得るらん

熟練の経験者たち、さらには献身的な女性達の援助を得て、困難を乗りこえ伴侶（目標）を得ることができるかも。

〈卦意〉亀の甲より年の劫。思わぬ障害には自信より献身。老人と女人に礼を尽くせ。

小吉（雨が上がって洗濯日和　お年寄りに助けられる）

〈恋愛運〉年配の世話焼き知人が、良いアドバイスをくれそう。周りのみんなも応援してくれています。

〈健康運〉風邪もすぐ治る。血液検査結果には注意。

〈財　運〉助言者の援助で儲かります。

〈旅行運〉海辺リゾートへの旅が良いです。

〈家族運〉親戚のお爺ちゃんが幸運をもたらします。

〈仕事運〉意外なところで出会う年配者のアドバイスが、幸せをもたらします。

〈事業運〉想定外の事態に悩んだら、相談役やご隠居様に助言を請いましょう。社外取締役も助けになります。

●語句解説

【塩土翁】シホツチ・シホツツ・シホツツヲ。途方に暮れていた山幸彦（ウツキネ）の窮地を救う。→ P199

【目一神（メヒカミ）】アマメヒトツ神・アメマヒ。アマテル神の教えを守り、片目で鍛冶を行った。→ P195

【ヘゾ女ヨト女】山幸彦（ウツキネ）を助けた海女たちの名。浜地の海女と磯地の海女。→ P202

【海彦山彦】ニニキネの三息子のうち次男のサクラギ（海幸彦）と三男のウツキネ（山幸彦）の確執。→ P196

三つの数字 ❷❹❷ ❷❹❹ ❷❹❻ ❷❹❽

24番　いねせ　円聿㐂（吹流寝）

吹の寝せは　格に溢るる　青女らや　若女の方も　役漏なすらん

大奥に妬み嫉みが渦巻いて制御されていないと、側に控える者たちも仕事に漏れを来してしまう。

〈卦意〉風邪や水難に注意を要す。女人は女人にまとまり、まとめる女人は良男になつく。

大凶（連日の雨で地盤悪化　ひがみで仕事が回らない）

〈恋愛運〉女の嫉妬が渦巻いていて、危険な状態です。下手すると、血祭りに上げられるかもしれません。

〈健康運〉不調です。自律神経失調症。

〈財　運〉下降運。セーフティーチェックが無効。

〈旅行運〉自重しましょう。

〈家族運〉ギクシャクしています。感謝の心で応対しましょう。

〈仕事運〉えこひいきが露骨すぎて、チームのやる気が失せています。転職するのも選択肢です。

〈事業運〉従業員教育が貧弱で、人材能力が社業に釣り合っていません。もしくは過重労働が限界の危機。

●語句解説

【青女若女】宮中に仕える女官たちの呼称。青女の仕事を若女が補助する。→ P195

三つの数字 ❷❺❷ ❷❺❹ ❷❺❻ ❷❺❽

25番　いこけ　凡田丰（吹地転）「28綾」

吹（い）も転けの　悪蛇（おろち）が凝（こ）りの　姫噛むも　断つ戸隠の　歯かみ成るかな

邪悪な存在が、犠牲者を生んでいる。その悪を断つ勇者が登場するが、果たして成功するかどうか。

〈卦意〉凝り噛み断ち難し。悪風に地も転ける。温める策が対抗策。

大凶

（竜巻警報　絶体絶命、勇者を守れ）

〈恋愛運〉困難が差し迫っています。協力者が守ってくれようとしていますが、残るキズは深くなるかも。

〈健康運〉風邪が腸にまわります。腰痛、下肢骨折。

〈財　運〉転落。公的補助はあっても雀の涙。

〈旅行運〉善光寺と戸隠神社巡拝が吉。箱根旅行も。

〈家族運〉誰かが危機です、救ってあげましょう。

〈仕事運〉しつこく妨害する嫌な存在があります。支援者まかせでは、支援者も力尽きます。

〈事業運〉社運の危機に、防衛戦は風前の灯火。敵は元の創業仲間や取引会社。想像以上のしつこさに苦しみます。

●語句解説

【オロチ】愚かな霊、愚かな蛇。我執が凝り固まって化けた魔物。モチコ、ハヤコの姉妹が「ふたオロチ」となる。→ P196

【姫噛み】嫉妬心のバケモノとなったハヤコがソサノヲの恋路を先回りして妨害し娘たちを殺傷していく。→ P201

【戸隠神】タチカラヲのこと。アマテル神の姉ワカ姫とオモイカネの子。岩戸隠れの功績で「戸隠」と呼ばれた。→ P200

三つの数字 ❷❺❶ ❷❺❸ ❷❺❺ ❷❺❼

26番 いおれ （吹地折）

吹(い)の折れを　猿田が取りて　神楽獅子　邪魔(よこま)を祓う　代々の神風

邪悪な存在が吹き寄せてきている。老練な忠臣が祓い除けようと懸命だが、神風は吹くだろうか。

〈卦意〉光暗(かくら)を祓ふ神楽獅子舞。神風は祈りても吹かず、挑んでこそ吹く。

大凶

（大型台風警報　頼りになる人の陰に隠れる）

〈恋愛運〉大きな困難にさしかかります。覚悟はしていたものの、救いの手があるかはわかりません。

〈健康運〉不調です。胸部レントゲンや大腸カメラをすることに。

〈財　運〉大きな逆風です。庇護者に支援要請を。

〈旅行運〉椿大神社参拝が吉。

〈家族運〉試練が待ち受けています。覚悟して戦いましょう。

〈仕事運〉厳しいですが戦線離脱や転職はダメ。間違ったことをしてないなら、受けて立ちましょう。

〈事業運〉社運をかけて耐え忍ぶ時。重役を失う、重要部門の売却などが必要かもしれませんが、起死回生を期すべき。

●語句解説

【猿田彦神】ニニキネの全国行幸を先導した。導き開拓の神。ケモノを飼い慣らした舞いで厄除けをした。→ P198

【獅子舞】カグラオノコ・カグラシシ。カグラは舞うこと。愚か獣を飼い慣らす（制御する）型を舞う。→ P197

三つの数字　❷❻❶　❷❻❸　❷❻❺　❷❻❼

27番　いよろ　(吹治喜)

吹(い)の喜(よろ)の　種は弱きも　中柱　諸(もろ)臣も嗣ぐ身も　居喜(いよろ)なるべし

頼りなく思える跡継ぎであっても、その人物を中心に皆が心を一つにすれば、すべてはうまく運ぶだろう。

〈卦意〉大器は虚（うつ）けなり。諸柱と梁で結ばれ中柱建つ。蟄居の人も復た表に現す。

大吉（朝方曇りのち快晴　選ばれた人をみんなで支える）

〈恋愛運〉恋人が軟弱に見えても、まわりに良い友人がいてあなたが献身すれば、男(女)を上げるでしょう。

〈健康運〉良好です。出血に注意。免疫力ＵＰ。

〈財　運〉ダメかなと思わず、追加投資を。

〈旅行運〉仙台方面や平泉など東北が吉。

〈家族運〉次を担う子供のために、時間と金を惜しまないように。

〈仕事運〉チームリーダーが軟弱に見えても、みんなで支えれば上手くいきます。才能を信じて。

〈事業運〉選ばれた後継者（新展開）には隠れた才（芽）があり、一致団結して盛運を得ます。

●語句解説

【中柱】天と地を結ぶ渦巻きを象る聖なる柱。中心柱。中心軸。万物の巡りの芯。→Ｐ201

三つの数字 ❷❻❷ ❷❻❹ ❷❻❻ ❷❻❽

28番 いその円母田（吹治園）

吹の園は 柳桜の 東風よりも 霞に桃の 花や遅らん

たとえ強風が吹くとも受け流せば良いが、温情が薄いと花が咲くことは遅れてしまうもの。

〈卦意〉 愛苦ならび立てど愛虚は同ぜず。妹が嫁して後に姉に縁あり。民が争えば柔きに理あり。

小凶（風が止むと濃霧注意　頑張ったのに冷たくされる）

〈恋愛運〉 貧乏だとかつらいことは堪え忍べても、相手が薄情だと感じると春は遠いでしょう。

〈健康運〉 肺炎や消化器不良に注意。

〈財　運〉 行き先不透明。注意をそらさないで。

〈旅行運〉 宇陀の丹生神社参拝が吉。

〈家族運〉 厳しさはあっても良いが、慈愛を忘れずに。

〈仕事運〉 ハードワークへの不満でなく、会社が薄情だと思うなら転職しましょう。

〈事業運〉 競合が厳しくとも社業は伸ばせますが、社長が関心を失うと、伸びるものも失速します。

三つの数字 ❷❼❷ ❷❼❹ ❷❼❻ ❷❼❽

29番 いゆん （吹寿結）

吹の結の 仇は橘 女は桜 病むもシナトの 風弓なすなり

世情の不穏を橘の聖木が示し、夫婦の不和を桜の聖木が示している。風が疫病をもたらしてきているようだ。

〈卦意〉凶を覚るを聖という。（早期予知を有効対策に繋げなければ）予知は無恥の引き金。

大凶

（大風警報 わけもなくいがみ合う）

〈恋愛運〉二人の不仲を天は感じ取っています。幸せを吹き飛ばす嫌な風が吹いています。

〈健康運〉早めに入院治療しましょう。

〈財　運〉危機一髪です。早急な対策を。

〈旅行運〉浅間大社、瀬戸内の大山祇社への参拝が吉。

〈家族運〉不倫発覚の兆しがあります。

〈仕事運〉逆風が吹いています。業績不振による投げやりなムードに、社内不倫の影もあります。

〈事業運〉市場の冷え込みと、社内環境の不和が見えます。不振の責任をなすりつけ合って沈滞ムードに。

●語句解説

【橘と桜】南殿（政庁殿）に橘を植え政情を感知し、東殿（内宮）に桜を植えて大奥の平安を感知した。→ P200

【シナト】風の神。級長戸辺神。自然災害から衣食住を守護する八つの神（ヤマサ神）の第二神。→ P199

三つの数字 ❷❼❶ ❷❼❸ ❷❼❺ ❷❼❼

30番 いつる（吹寿尽）

「28綾」

吹（い）の尽（つ）るは　ハヤコが悪蛇（ヲロチ）祀られて　化（な）るイワナガも　操堕（みさほお）ち尽る

悪の権化は成敗されておとなしくしていたように見えて、実は魔界転生して襲いかかろうとしているぞ。

〈卦意〉怨念は死して後も罪の鳥となる。怨嗟は無限の鉄鎖なり。与えた恩は忘れろ。

大凶（ずっとジメジメ　またしてもの悪夢再来）

〈恋愛運〉 浮気の虫がまたうごめきだしています。根から反省はしていなかったようです。

〈健康運〉 致命傷かも。肺がん、肝臓がん。

〈財　運〉 絶不調。悪質な攻撃を受けています。

〈旅行運〉 伊豆大室山、軽井沢旅行、三大弁天社巡り。

〈家族運〉 しこりがあります。兄弟姉妹をえこひいきしないこと。

〈仕事運〉 転職も選択肢です。逆恨みされて仕事がはかどりません。恩を仇で返されてしまいます。

〈事業運〉 衰運の凶相。かつての投資先、下請け企業、目をかけた部下が裏切り、恩を仇で返そうと狙っています。

●語句解説

【ハヤコ】アマテル大御神の十二妃の一人。宗像三女神を産む。ソサノヲに不倫愛を抱き嫉妬の魔物と化す。→ P201

【オロチ】愚かな霊、愚かな蛇。我執が凝り固まって化けた魔物。モチコ、ハヤコの姉妹がふたオロチとなる。→ P196

【イワナガ姫】ニニキネの正后アシツ姫の義姉。ニニキネに拒絶された恨み心にハヤコが取り憑く。→ P195

三つの数字　❷❽❶　❷❽❸　❷❽❺　❷❽❼

31番　いゐさ　（吹止勇）

吹（い）の勇（いさ）の　琴に和らぐ　習わせや　海彦（うなひこ）の笛も　台風（ヰナサ）吹くらん　※32音ウタ

人々の気持ちは琴の音に和らぎ、台風が来たとしても笛の音に進路を変えて無事通り過ぎるだろう。

〈卦意〉風止めるを諌む。風に天の声を聴き、向かい風を追い風と為す。

中吉（台風大過なく通過　明るい音楽で気分爽快）

〈恋愛運〉コンサートに二人で行きましょう。低調な気分も晴れて、心機一転するはずです。

〈健康運〉病は回復します。

〈財　運〉ひと息つけそうです。防衛策成功。

〈旅行運〉宮崎や鹿児島への旅、気比神社も吉。

〈家族運〉兄弟姉妹の不和も仲直りの兆し。

〈仕事運〉チームの不調や不和も乗りこえられるでしょう。楽観的なムードメーカーが大切。

〈事業運〉社員が明るく団結していれば、波も立ちません。コーポレートイメージの向上には注力すること。

●語句解説

【イナサ】南東の風。台風がもたらす強風をさす。大雨の前兆。→ P195

【三十二音歌】祓いのウタ（魔除けの歌）は 32 音です。フトマニに二首あります。→ P198

三つの数字　❷❽❷　❷❽❹　❷❽❻　❷❽❽

32番　いなわ　凡⊕夕（吹止和）「26綾」

吹の和の　文も通れば　妹背も　仲に頼みの　意縄引くらん

大切な真情は、手紙できっと伝わるはず。本当の気持ちを伝える手紙は最高の仲人となるだろう。

〈卦意〉不和の人も復た和の導きを得る。風を和するにツテあり。病に快を失せ物に当を得る。

大吉（台風一過で快晴　真心の手紙がラッキーアイテム）

〈恋愛運〉本当の気持ちを手紙で伝えてみてはいかがでしょう。あなたの真心が伝わるはずです。

〈健康運〉良好です。深呼吸を心がけて。

〈財　運〉好調です。仲介者の書状に即応すること。

〈旅行運〉美保松原の御穂神社や伊豆山神社の参拝が吉。

〈家族運〉良好です。離れて住む家族に手紙を書きましょう。

〈仕事運〉気の利いたメッセージや、心のこもった自筆の手紙が幸運をもたらし、業績が急上昇します。

〈事業運〉個人宛の書状、自筆の手紙、時期を得たメッセージカードが、事態を好転、打開します。

三つの数字 ❸❶❷ ❸❶❹ ❸❶❻ ❸❶❽

33番 ふやま （富天山）

「仮名序かぞえうた本歌」

富の山に　思いつく身の　捕餌(とりゑ)舐(な)み　身に病気(いたつき)の　入るも知らずて

豊かさのなかに自省もなく飽食していると、猟師の毒餌をついばむ鳥のように不幸を抱え込むぞ。

〈卦意〉熱き肉を嗜み病を受くを知らず。桃源郷に魔果あり。

小凶

（晴れて花粉が飛ぶ　調子こくと痛い目に）

〈恋愛運〉どちらかが愛に溺れていませんか。
思いのままでいるようで、危険な罠に陥りかけているかも。

〈健康運〉美食に溺れて病を得ています。

〈財　運〉贅沢のしすぎで均衡がとれていません。

〈旅行運〉宿坊体験で粗食を楽しむのが吉。

〈家族運〉甘やかせすぎでタガが外れそうです。

〈仕事運〉調子こいていると足元をすくわれます。
甘い餌には毒が仕込まれていることに気づくべき。

〈事業運〉好業績に気が緩み、不要なもの、
後に毒となるものを取り込んでいます。M&Aに注意。

●語句解説

古今和歌集　仮名序→P198

三つの数字　❸❶❶　❸❶❸　❸❶❺　❸❶❼

34番　ふはら　（富天原）「24綾」

富の原の　宮は宝を　孕ませて　慕うホツマの　民ぞ植(う)みける

素晴らしい指導者のもとに社会は豊かになり、おのずと良民が増えてくるものだ。

〈卦意〉情けを原（もと）とし民をして公実に慕わしむ。宝は掘らず妊むべし。

大吉（快晴過ごしやすい一日　万事好調で仲間も増える）

〈恋愛運〉相手は健全です。
あなたも信じて愛を育めば、幸せな家庭を築けます。

〈健康運〉絶好調です。深呼吸を心がけて。

〈財　運〉快調です。予想以上に儲かります。

〈旅行運〉富士箱根への旅、お伊勢参り吉。

〈家族運〉良好です。笑顔を絶やさないで。

〈仕事運〉順風満帆。リーダーとチームメンバーの心が通っています。
いつも感謝を。

〈事業運〉事業の目指すところが、天意を得て伸びていきます。
社員も増えて、優秀な人材が集まります。

●語句解説

【ハラミの宮】アマテル神が富士山麓に拓き、ニニキネが引き継いだサカオリ宮。→ P201

【ホツマ】→ P202

三つの数字 ❸❷❶ ❸❷❸ ❸❷❺ ❸❷❼

35番 ふきに （富吹来）

富の来（き）にの 争う臣の 道理（ことわり）を 柔わせば民の 冬ぞ来にける

争い合う臣下の者どもを懐柔しようと道理を曲げると民衆が苦しみを抱えることになるぞ。

〈卦意〉賄賂に注意。順風に波乱の根あり。ダブルスタンダードが常態となる。綱紀粛正。

中凶 （北風寒く凍える なあなあで済ますと後でもめる）

〈恋愛運〉相手の無理難題に、心を曲げて付き合っていると、やがて冷たい冬が来ます。

〈健康運〉不調です。胃や肺に異常あり。

〈財　運〉下降線。無理強い路線だと、行き詰まります。

〈旅行運〉桜井市の等彌神社参りが吉。

〈家族運〉家族のワガママを放置すると崩壊の道へ。

〈仕事運〉サブリーダーが、互いに反目して上手くいきません。リーダーは八方美人ではダメ。

〈事業運〉社業は伸びているが、幹部職に不正取引があります。業績偏重で目こぼしすると、組織がひずみます。

三つの数字 ❸❷❷ ❸❷❹ ❸❷❻ ❸❷❽

36番 ふちり 𠆢帀冂（富吹散）

富散りとは　宝鶉(たからうづら)の　温め鳥　報い配らば　民も散るらじ

得た財宝というものは上の者が独り占めしていてはだめだ。貢献に応じて配分しないと下は離反していく。

〈卦意〉炎天にも底冷えを慮るべし。失敗はあなたのもの、成功はみんなのもの。

大凶

（晴れだが凍える　独り占めはダメ）

〈恋愛運〉出逢いや良縁を独り占めしようとしていませんか。友達付き合いも大切です。

〈健康運〉儲かっても、身体壊したら元も子もありません。

〈財　運〉たまには、有益な寄付もしなければダメです。

〈旅行運〉諏訪大社の参詣が吉。観音寺巡りも吉。

〈家族運〉家族は互いの協力が必要。独善はダメ。

〈仕事運〉スタッフやサポーターの協力があってこその業績と心得るべきです。独り占めはいけません。

〈事業運〉好業績で蓄積された余剰が適正に分配、あるいは研究開発に再投資されているか省みましょう。

三つの数字 ❸❸❷ ❸❸❹ ❸❸❻ ❸❸❽

37番 ふぬう （富富縫）

「三火重ね（ううう）の相」

富に縫うは　陰無き紅葉色の　梅の花　長病も　布にぞ縫ひける

祈りの紋様を織り込んだ古来伝授の着物は、長患いに苦しむ人にさえ、快癒の奇跡をもたらすものだ。

〈卦意〉 運は常道に在り。火をくべるに薪（たきぎ）を惜しまず。編み目の筋が大切。

大吉 （雨風は止み待望の晴れ間　伝統ある方を一択）

〈恋愛運〉 運気を変えるにはファッションを変えてみたら。新奇なものでなく、正統派で装いを改めましょう。

〈健康運〉 長患いも快癒します。

〈財　運〉 長年の懸念が解けて運気上昇。

〈旅行運〉 天満宮参りに吉。薬師如来を祀るお寺へ。

〈家族運〉 大切な家族の闘病生活が終わり、快癒へ。

〈仕事運〉 ここぞと思ったら、惜しみなく注力投資しましょう。オーソドックスな選択が間違いありません。

〈事業運〉 歯車が見事に揃います。目標達成の暁にと、念入りに準備していたことを実現すべき時。躊躇しないで。

三つの数字　❸❸❶　❸❸❸　❸❸❺　❸❸❼

38番　ふむく　山仐山（富富剝）「三火重ね（ううう）の相」

富に剝くは　天地（あわ）の奢（おこ）りの　肥え過ぎを　鎮め下せば　踏みに赴（おもむ）く

豊穣にかまけて放逸を見逃していると事態は悪化する。思い切って緊縮策をとると世は暗転する。

〈卦意〉君臣が先ず謙り、民の奢りを鎮めるべし。絶好調期にこそ逆張りを。

大凶（カンカン照りの熱帯夜　急にケチって評判落ちる）

〈恋愛運〉濃い愛がよどみを生んでいます。
かといって、態度を変えると逆恨みを買いそうです。

〈健康運〉緊急入院も。胃潰瘍。右手注意。

〈財　運〉急転落下。バブルははじけます。

〈旅行運〉琵琶湖巡りの旅は吉。

〈家族運〉崩壊の危機。皆が自分勝手すぎました。

〈仕事運〉強硬策も緊縮策も、どちらも上手くいきません。
転職しても苦労は続きます。

〈事業運〉熱砂の向こうに砂漠が広がります。冷却したら種火を失います。
絡んだ指示系統を一本化しましょう。

三つの数字 ❸❹❶ ❸❹❸ ❸❹❺ ❸❹❼

39番 ふえて （富流得）

富を得ては 民を損なう 長臣（をさとみ）が 嘘や薬も 増えて足すらん

悪しき指導者が暗躍している。嘘やごまかしを増やして取り繕おうとしている。

〈卦意〉 灯を以て甕と為す如し。監査頭に抜擢される人物の傍に悪玉あり。

小凶

（曇り時々雨 意地悪な上司）

〈恋愛運〉 二人を守るべき人が、嘘や変な知恵をつけて邪魔しているのかも。

〈健康運〉 薬の副作用を抑える薬で薬中毒に。

〈財　運〉 取り繕い策が何重にも重なっていきます。

〈旅行運〉 薬師観音寺、淡島神社への参詣吉。

〈家族運〉 家が草刈場となっています。

〈仕事運〉 サブリーダーが、チームの目的でないもののために策動しています。気をつけましょう。

〈事業運〉 幹部職に不正取引が横行。虚偽報告や粉飾が見過ごされています。内部監査が必要です。

三つの数字 ❸❹❷ ❸❹❹ ❸❹❻ ❸❹❽

40番 ふねせ ⚠︎聿㐅（富流寝）

富の寝せは　盗む宝も　汚穢が業　苦しく失せて　寝せや伏すらん

不正な方法で手に入れた財宝は汚れた不吉な厄物でしかない。抱える者はやがて苦しみ病に臥すだろう。

〈卦意〉委ね離せば偽を招く。財に念あり、不義財に怨あり。失せ物は北にあり。年下の者に注意。

中凶（一日中雨で冷え込む　ズルして得て損する）

〈恋愛運〉 略奪した愛では、成就しません。
時が経つほどに裏切りへの後悔が積み重なり、苦しみを増していきます。

〈健康運〉 長患いに伏せる兆し。心臓に懸念。

〈財　運〉 不正な貯蓄が発覚します。

〈旅行運〉 竹生島、江ノ島、厳島の三弁天巡り。

〈家族運〉 お金では、家族の幸せは保障されません。

〈仕事運〉 顧客を欺く商売方法は、いずれ破綻します。
顧客の利益こそが事業の利益と、考えを改めましょう。

〈事業運〉 部下の不正か。あるいは自らが不正競争で得た富や利権が露見し、脅迫じみた不正取引を強要されます。

三つの数字　❸❺❷　❸❺❹　❸❺❻　❸❺❽

41番　ふこけ　（富地転）

富の転けは　流行りを数う　元々の　翁が業に　編みり治すべら

新奇な流行に流されていては元を失う。老練な賢者の手法に学んでやり直すが良い。

〈卦意〉時の花を授かり古き器を探す。ひみつ「火水土」揃って風吹かず。

中凶　（ずっと曇天　流行り物を追う間違いに気づく）

〈恋愛運〉新奇な流行の出会い方法には、危険もつきものです。昔ながらの出会いを大切に。

〈健康運〉胃など腹部に注意。腰痛の激化も。

〈財　運〉流行りの投資に乗ると大損します。

〈旅行運〉古い宿場町や門前町を楽しみましょう。

〈家族運〉祖父母を訪ねて智慧を聞きましょう。

〈仕事運〉流行を追うスタイルが陳腐化して飽きられます。温故知新を考えるべき。

〈事業運〉実力を過信して新規事業に苦戦します。顧問や相談役に頭を下げて助言を請うべき。

三つの数字 ❸❺❶ ❸❺❸ ❸❺❺ ❸❺❼

42番 ふおれ ䷒ (富地折)

富の折れは 天の祟りの 氷ふむ 事のはじめも 踏みや畏れん

天の祟りによって落とし穴に落ちる。最初の最初に立ち返って反省すべきだろう。

〈卦意〉門出、事始めに凶。風通さねば凝る。石橋を叩いて渡る。

大凶

(豪雪警報　出だしに間違いあり)

〈恋愛運〉出逢った最初に、実は間違いがあったのではないですか。ボタンの掛け違いを直しましょう。

〈健康運〉恐れていた病に陥ります。

〈財　運〉ドツボを踏むでしょう。

〈旅行運〉外出は危険。謹慎すべき時。

〈家族運〉不倫発覚。家出、自殺者が出ます。

〈仕事運〉転職は選択肢ですが、一から出直しです。回復はないので、出直しましょう。

〈事業運〉衰運。事業設計の当初に錯誤があり上手くいきません。新規事業に凶。合併もしくは分社化を見直すべき。

三つの数字
43番　ふよろ　❸❻❶　❸❻❸　❸❻❺　❸❻❼
（富治喜）

富の喜(よろ)は　国生む神の　御師(をし)をして　業(わざ)も喜ぶ　儲けなりけり

最初にことを打ち立てた創始者の教えを忠実に伝える導き人に学ぼう。成功のもとに立ち返れば良い。

〈卦意〉庭訓を践め。大が下した種が根付き芽を生む。教えは水なり、水を得るべし。

中吉（ほがらかな晴天　本物に学ぶ幸せ）

〈恋愛運〉出逢いのきっかけを思い出しましょう。
想い出の場を再訪するのも良いです。

〈健康運〉良好です。肺や肝臓には注意。

〈財　運〉上昇機運。仲介者に恵まれます。

〈旅行運〉筑波山、琵琶湖、淡路島への旅が吉。

〈家族運〉順風です。教えの父を得る幸せがあります。

〈仕事運〉業績良好。昨対越えは確実でしょう。
ここで基本を学び直すことが肝心です。

〈事業運〉創業者精神をひもとくことで、社業順風に。
創業周年企画をイベントで終わらせないように。地元に還元を。

●語句解説
【御師（ヲシ）】サヲシカのこと。アマテル大御神の勅使。伊勢御師や富士御師の源流。→ P198

三つの数字 ❸❻❷ ❸❻❹ ❸❻❻ ❸❻❽

44番 ふその （富治園）「24綾」

富の園は 大国主(をこぬ)の神の 蚕飼(こかひ)して 名も蚕得国(こゑくに)の 富園(ふその)得るなり

地道な努力が実を結び、その名を残す業績を打ち立てるでしょう。

〈卦意〉財は地に眠るを興すに有り。本拠地を耕す。布は衣の財にして礼の源ゆえ富を成す。

中吉（汗をかきたくなる晴れの日 地道な努力が報われる）

〈恋愛運〉子宝を得る吉祥です。地道に愛を育みましょう。

〈健康運〉快調です。懐妊したら慎重に。耳の変調に注意。

〈財　運〉堅調です。これから右肩上がり。

〈旅行運〉琵琶湖の観音寺巡礼、多賀大社参拝吉。

〈家族運〉良好です。それぞれが自分の勤めを果たしましょう。

〈仕事運〉掘り起こしが、効を得ます。本業回帰がうまくいきます。地域資源を活用しましょう。

〈事業運〉地道な努力が実を結びます。テリトリーを固める戦力が効を為し、研究開発が進展をもたらします。

●語句解説

【オコヌシ】大国主。ヲヲコヌシ、ヲヲクヌカミ等とも。ニニキネがクシヒコ（アマテルの孫）に与えた尊称。→ P196

【コヱ国】狭義に絹織物の盛んな国、琵琶湖（近江）から遠江まで。広義に恩恵の巡る国、日本国、扶桑国。→ P198

三つの数字

45番　ふゆん　❸❼❷　❸❼❹　❸❼❻　❸❼❽

（富寿結）

富の結(ゆん)は　田をウケモチの　猪垣(ししかき)や　邪魔(よこま)を抑(を)そう　富結(ふゆん)なりけり

ものごとを育むには、それを邪魔する悪者を押さえることが肝心だ。

〈卦意〉順風時に脇を固める。見えない危険に耳を澄ます。邪魔者除ければ仕事は八分。

小吉（霧が晴れて晴れ　守りを固める）

〈恋愛運〉二人の恋愛を邪魔する存在に気づきましょう。早めに手を打ち、厄介払いをしておきましょう。

〈健康運〉大事を取り静養が鍵。

〈財　運〉まずまずの成果です。手堅く行きましょう。

〈旅行運〉伏見稲荷大社の参拝、稲荷社巡り吉。

〈家族運〉妨害がありますが、家族は一致団結します。

〈仕事運〉いろいろ障害がありますが、都度誠実に対応することで、業績は確実に向上します。

〈事業運〉社業は好調だが、防衛策に留意すること。商標登録、特許申請を怠らずに。新規契約には精査を。

●語句解説

【ウケモチ神】保食神。天神三代トヨクンヌの兄弟。農業大臣の要職を世襲した。尊称にイナル（稲荷）神。→ P195

三つの数字 ❸❼❶ ❸❼❸ ❸❼❺ ❸❼❼

46番 ふつる （富寿尽）

富の尽るは 臣も酔ひ（宵）無き（泣き） 鳥餌なみ 絶つ華やかの 芋（妹）や尽くらん

栄華を極めた臣も酔いが覚め、食べるものにさえ不自由となる。愛妃も失い、すべてを失ったことに気づくだろう。

〈卦意〉盛者必衰の理あり。今を最悪と悟れば心は軽い。終わりのない夜はない。

大凶（土砂災害警報　当たり前だったものを失う）

〈恋愛運〉満たされた愛も終わりです。気づくのが遅すぎました。甘えすぎていたのです。

〈健康運〉いろいろ覚悟する必要があります。

〈財　運〉破産の危機が。

〈旅行運〉大神山神社、黄金山神社を参拝して起死回生を願いましょう。

〈家族運〉崩壊の危機に瀕しています。

〈仕事運〉放漫プレーが終わりを告げます。転職しても、一から出直しに。職業を変えましょう。

〈事業運〉燃え尽きの相です。再起不能。清算整理の務めを果たしたら、次局まで謹慎しましょう。

三つの数字 ❸❽❶ ❸❽❸ ❸❽❺ ❸❽❼

47番 ふゐさ （富止勇）

富の勇め 粗金（あらかね）分けて 練り鍛え 釜も剣（つるぎ）も 火（か）ぞ得和らぐ

粗金も苛烈な火熱を加えることで練り鍛えられ、釜や剣のように役立つ道具となるだろう。

〈卦意〉堅を諌めて柔と為し柔を諌めて剛と為す。失敗は成功のもと。

小吉（地震もおさまり平穏 試練を超えて希望が見える）

〈恋愛運〉二人に試練が訪れますが、それを乗りこえることで、本当の愛をつかめるのです。

〈健康運〉闘病快癒。体質が改善されます。

〈財　運〉苦労の甲斐が結ばれる兆し。

〈旅行運〉吉備津神社、金桜神社の参拝が吉。

〈家族運〉試練を乗りこえて家族団結が吉。

〈仕事運〉障害を乗りこえたチームは、上昇機運に乗っています。新たな挑戦を！

〈事業運〉困難が次々と襲うが、克服します。失敗やクレームは成長の肥やしと考えましょう。

三つの数字 ❸❽❷ ❸❽❹ ❸❽❻ ❸❽❽

48番 ふなわ ⛰⊕タ（富止和）

富の和の 祀り徹れば 妹背も 仲に導く 二縄なりけり

先祖祀りを一途につとめれば、おのずと夫婦相和し、幸せな二人になるものだ。

〈卦意〉 天の恵みは四方に満ちて留まる。風（心）と水（教え）を得て円満。不和の仲も和睦に導く。

大吉（快晴 縁に感謝し二人は円満）

〈恋愛運〉 おたがいの先祖様の墓参りをしましょう。感謝を捧げると、手厚い加護に恵まれるでしょう。

〈健康運〉 良好です。血液検査と筋肉痛に注意。

〈財　運〉 絶好調です。おおいに儲けましょう。

〈旅行運〉 筑波山神社、椿大神社、八重垣神社が吉。

〈家族運〉 夫婦円満で家族は幸せです。

〈仕事運〉 順風満帆。お客様第一の誠実努力な姿勢が高く評価されています。感謝還元を忘れずに。

〈事業運〉 社是が天意に添い円満を得ます。社内は調和がとれて攻守のバランスも良いでしょう。報恩を忘れずに。

●語句解説

【妹背（いもをせ）】夫婦のこと、いもせ。さらに略して「イセ」則ち「伊勢」。伊勢の道は女男相和の道。→P195

三つの数字　❹❶❷　❹❶❹　❹❶❻　❹❶❽

49番　へやま　（流天山）

流(へ)の山は　妃操(きさきみさほ)の　沢(さわ)待ちて　待つも老えれば　間物(あいもの)の山

夫も妻も、たがいに貞淑を果たすべく身心を綺麗にしていれば、老いて後も味わい合う仲となるだろう。

〈卦意〉雨は総ての沢を潤す。松の実は時を経て木と成る。沢深くして山高し。

中吉（晴れ一時曇り　このままずっと幸せ）

〈恋愛運〉離れていても、逢える日を貞淑に待ちましょう。熟成した夫婦愛は、老いてなお、味わい深いものとなります。

〈健康運〉頭はスッキリ。消化器系に注意。

〈財　運〉健全な上昇運。含み益も増します。

〈旅行運〉渓流の景勝地への旅、谷川の温泉宿が吉。

〈家族運〉平穏です。熟した安らぎがあります。

〈仕事運〉堅実にことを運んでいけば、待ち望んでいた成果があります。ほどほどに満足して仲間と達成感を共有しましょう。

〈事業運〉長期戦を覚悟して、機が熟すのを待ちましょう。適切なリストラを経て無駄を削ぐべき。ビジョンの共有が鍵。

●語句解説

【アイモノ】塩漬魚。四十物をアイモノと読むのは『間物の　魚は四十あり　（略）スズ菜に消せよ』が語源。→ P195

三つの数字 ❹❶❶ ❹❶❸ ❹❶❺ ❹❶❼

50番 へはら （流天原）

流(へ)の原は　機(はた)回(ま)小百合(さゆり)に　準(なつら)えて　嗣ぎ子も業(わざ)も　妊むなりけり

機織りがなめらかに回るように、天の恵みが蕾に垂れるように、世嗣も事業も後継者が誕生するようです。

〈卦意〉天の雫が臍に入る。嗣ぎ子無き人は原（たず）ねて養子を得る。

大吉（快晴　新しい誕生の気配）

〈恋愛運〉新しい愛の訪れ、あるいは懐妊の吉祥です。流れに乗り幸運をつかみます。

〈健康運〉良好で、懐妊の兆しもあります。

〈財　運〉絶好調です。機良く回収して、次の投資へ。

〈旅行運〉富士五湖巡りや、琵琶湖高島古社巡りが吉。

〈家族運〉お祝い事が続きます。

〈仕事運〉計画通りに業績は伸び、世代交代も順調にいきます。好循環にブレーキをかけぬように。

〈事業運〉即応体制が効を為し、業績が向上します。後継者問題を解決する好機。M&A売却も可。

三つの数字　❹❷❶　❹❷❸　❹❷❺　❹❷❼

51番　へきに　（流吹来）

流(へ)の来(き)には　妻誉ふ家臣(をみ)も　直臣(なおとみ)と　言うも良ききに　流れ得るなり

自分の妻を誉めることに屈託のない純朴な部下は、信頼できて、目をかけると上手くいきます。

〈卦意〉女言により倖を得る。流れ来る縁に吉。教え（水）は、風に運ばれ来る。

中吉（一日中晴れ　風の噂に聞き耳立てる）

〈恋愛運〉彼のことを誉める友人の話を聞いてみましょう。無口な彼の、意外な真実を知るかも。

〈健康運〉循環器は良好。肺のレントゲン検査を。

〈財　運〉アドバイスに恵まれ、儲けられます。

〈旅行運〉火山帯の温泉地や、火祭り観光が吉。

〈家族運〉お母さんの耳寄り情報が、幸運の鍵。

〈仕事運〉リーダーよりもむしろ女房役の活躍や、キャリアの長いスタッフの知恵が、幸運を呼びます。

〈事業運〉「実はうちの女房がこんなことを申しておりまして」という部下の話にヒントがあります。

三つの数字　❹❷❷　❹❷❹　❹❷❻　❹❷❽

52番　へちり　[illegible]　（流吹散）

流（へ）の散りは　つき穂も臣も　民業（わざ）も　妻の虚（うつ）くに　病みや散るらん

稲穂は嵐に倒れ、臣や民もその妻の虚言に振り回されて道を踏み外す。

〈卦意〉寵妃が離散を生ず。主（あるじ）の生業に妻は口出すべからず。水流れ風散らし貯まる器無し。

大凶

（大雨波浪警報　虚言女に振り回される）

〈恋愛運〉衰運です。女性の無節操な言動に振り回され、みんなの心が離反していることに、気づかなくてはなりません。

〈健康運〉心・肝・肺に重度の病。

〈財　運〉騙されて大損します。

〈旅行運〉遠出は禁物。旅先で倒れる危険性も。

〈家族運〉母や嫁の言動に振り回されます。

〈仕事運〉裏目に出ることが続きます。育ちかけていた成果が流失。女性の讒言に注意を。

〈事業運〉有能だがネガティブな性格の社員が、社業を控きます。抜擢された女性幹部が、選択を誤ります。

三つの数字 ❹❸❷ ❹❸❹ ❹❸❻ ❹❸❽

53番 へぬう （流富縫）

流（へ）に縫うは　政治（まつり）とる身の　群咲（むらさき）ぞ　諫め尽くせば　民ぞ縫ひける

政治指導者へは下々が様々なことを注進してくる。それを諫めと受け入れ耳を傾ければ、人はついてくるだろう。

〈卦意〉 教えが身を縫う。経験が教訓となり蓄積す。民は妻の職を以て家業と為すべし。

小吉 （蒸し蒸しするが晴れ　ゴタゴタを手際良く解決）

〈恋愛運〉 上手くいっている人の耳には雑音も入ります。でも、鬱陶しがらずに素直に忠告を聞けば、上手くいきます。

〈健康運〉 小さな不調を見逃さなければ、安心を得ます。

〈財　運〉 市場はざわつきますが、王道でいくのが吉。

〈旅行運〉 秩父や戸隠への巡礼の旅が吉。

〈家族運〉 忠告を惜しまずに、また、忠告を受け入れましょう。

〈仕事運〉 小さなもめ事は試練と割り切り、耳を傾けて誠実に対処して。やがて上手くまとまります。

〈事業運〉 現場から細かな報告や照会が寄せられ、繁雑を極めますが、根気良い対応が業績を向上させます。

三つの数字

54番　へむく　❹❸❶　❹❸❸　❹❸❺　❹❸❼　（流富剝）

流の剝くは　三種神器に　逆知りて　民も南に　向くぞ尊き

三種神器の示す根本の理を体現すれば、下々も正邪を悟り、自然と大君に従ってまとまるものだ。

〈卦意〉教え（水）に添うて財へ向く。パイは膨らむ、課題は分け方だ。失せ物は南に有り。

大吉（快晴おだやかな一日　原理原則を守ってすすむ）

〈恋愛運〉愛して信じて尽くしましょう。
　裏表のない振る舞いが、相手の信頼と愛情をさらに高めます。

〈健康運〉血液検査結果で、体質改善の機を得ます。

〈財　運〉バランスを取った投資で、安定します。

〈旅行運〉熱田神宮や、石鎚山神社の参拝が吉。

〈家族運〉家訓の正しさを再認識して、家族団結。

〈仕事運〉チームワークは極めて良好。
　ビジョンを共有し、メンバーが明るい夢を描いています。

〈事業運〉吉祥の相。全社員が社長の理想を共有し、自律的に協働します。
　事業は上り坂で、全社で夢が共有できます。

●語句解説

【三種神器】フタカミが定めた斗矛の、矛をアマテル神が剣に替えて鏡を加えた、道義政治三原則の象徴。→ P203

三つの数字 ❹❹❶ ❹❹❸ ❹❹❺ ❹❹❼

55番 へえて （流流得） 「三陰水凝り（えええ）の相」

流の得ては 洪水に溢るる 国政治 猫に恵みの 反て噛まるる

豊かさに埋没すると洪水に遭って水没するようになる。恩情をかけていたつもりでいても、かえって仇で返される。

〈卦意〉佞臣が盛りを得て政を乱す。過ぎた慈悲は災厄の種。どん底はまだ先に待ち受ける。

大凶

（集中豪雨洪水警報　恩を仇で返される）

〈恋愛運〉愛に溺れて善悪を見失っています。貢いでいても、裏切られる結末になります。

〈健康運〉心臓疾患、血液障害など。入院も必要に。

〈財　運〉洪水で流されるような損害が出ます。

〈旅行運〉相模大山や三峯山、武蔵御岳山の宿坊は吉。

〈家族運〉甘やかしていた家族が刃向かって痛手を受けます。

〈仕事運〉転職するタイミングに出遅れます。甘い蜜を共に舐めた仲間も裏切って、絶体絶命に。

〈事業運〉繁栄の中、裏切りの凶相。業績を伸ばした部下がライバル社に寝返ります。有力提携先が敵対します。

三つの数字

56番　へねせ ❹❹❷　巴聿己 ❹❹❹　（流流寝） ❹❹❻ ❹❹❽

「三陰水凝り（えええ）の相」

流《へ》に寝せの　三陰《みめ》は稲（い寝）頃　疫《え》の去《い》ぬを　夏初《なつは》に捨てて　稲や起きらん

秋の長雨に稲に病が蔓延する。大凶作となるだろう。

〈卦意〉水難の凶相。洪水の涙の痕（あと）に土地肥える。果断な対処が必須。

大凶

（長雨で空気よどむ　流れたチャンスは諦める）

〈恋愛運〉（夏から秋の）奔放な振る舞いが最悪の結果をもたらします。覚悟すべきです。流産の恐れも。

〈健康運〉長患いの暗示あり。循環器系注意。

〈財　運〉投資して育てた案件が絶望的状態に。

〈旅行運〉紀伊半島、熊野路への旅、西宮恵比寿参りが吉。

〈家族運〉大切な人が病に倒れます。

〈仕事運〉深刻な危機状況が続き、困難はさらに深まる暗示があります。対策が後手になります。

〈事業運〉長く続く三重苦に、社業が傾きます。その場しのぎでない、事業の刷新が必要。赤字部門を損切りする必要が。

三つの数字 ❹❺❷ ❹❺❹ ❹❺❻ ❹❺❽

57番 へこけ （流地転）

流（へ）の転けの 悪瘡（がかさ）は千度（ちたび） オオナムチ 金（かね）も赤白（カシロ）（銅銀）と 練るや転けらん

見逃されていた過ちも、限度を過ぎれば鉄槌が下る。ためた財宝も失い、左遷は逃れられない。

〈卦意〉錬金は中毒に倒る。土が水に挟まれ浸食す。金を産む火と風を失う。

大凶

（大雨雷警報　重ねた悪事に鉄槌下る）

〈恋愛運〉浮気や小さな裏切りも、決して許されていたわけではありません。限度を超えた途端に夢は消えます。

〈健康運〉重病に陥り、治療の副作用でさらに悪化。

〈財　運〉貯め込んでいたモノが、ボロクズに変わります。

〈旅行運〉鹿嶋と香取二社神宮巡りの後に、成田山詣が吉。

〈家族運〉転落を止められるのは、正直な息子か娘だけ。

〈仕事運〉転職のチャンスも逃し、この業界では再起不能。名が知られていた分だけ、墜ちる底は深いです。

〈事業運〉左遷、降格、撤退の凶相。小さな不正や粉飾の蓄積が露呈。リコールを要します。

●語句解説

【オオナムチ】大己貴。ソサノヲとイナダ姫の第五子クシキネ。初代大物主。アマテルの娘婿。→P196

三つの数字 ❹❺❶ ❹❺❸ ❹❺❺ ❹❺❼

58番 へおれ 𠄢𠃊𠄣（流地折）「7綾」

流の折れは 政治乱る 後妻に 横糸（監査）訪つれば 民も畏れよ

性悪な後妻を寵愛して理性を失い乱れている。上からの査察が入れば、もはや手遅れだろう。

〈卦意〉淫ら慎まざれば乱る。水寒病は脾に有り解し難し。惚れた自分に罪がある。

大凶

（強風雷警報　後から入ってきた者に邪魔される）

〈恋愛運〉浮気や裏切りの露見は、もはや逃げられません。
身をただす機を逃してしまいました。

〈健康運〉足の骨折。腹部に血瘤。脾臓に注意。

〈財　運〉監査の手から逃れられません。

〈旅行運〉宇佐神宮や、太宰府天満宮参拝が吉。

〈家族運〉再婚相手に要注意。

〈仕事運〉あとから加わった「特別な立場の人物」が厄介。
地位を悪用した大胆な不正が横行します。

〈事業運〉外部からスカウトした経営幹部、あるいは、
吸収先か提携先の会社にいる有力社員に疑惑があります。

●語句解説

【うわなり】後に娶った妻。死別や離別、不妊などの理由によった。→ P196

三つの数字　❹❻❶　❹❻❸　❹❻❺　❹❻❼

59番　へよろ　（流治喜）

流（へ）の喜（よろ）は　矛の雫と　水生（みな）れ草　昆布（こぶ）も海辺に　生（な）れや喜ぶ

すべては天地からの恵みを受けて生まれ育つ。流れに添い、今居るところに感謝を捧げよう。

〈卦意〉 水も地を得て安堵する。風通しを良くし熱を加えれば更に良し。

小吉（梅雨の晴れ間　今いる場所で花咲かす）

〈恋愛運〉 今の幸せがあなたにふさわしい幸せです。
小さな幸せに感謝しましょう。

〈健康運〉 小康状態を得ます。滋養に努めて。

〈財　運〉 潮目がかわるので、強気の対応が必要に。

〈旅行運〉 淡路島周遊か、若狭湾巡りと若狭彦神社参拝の旅が吉。

〈家族運〉 小さな懸念は解決し、笑顔が戻ります。

〈仕事運〉 今の仕事を天職と考えて、目の前の仕事に打ち込みましょう。
流れに乗れるはず。

〈事業運〉 業績に安定感があります。流れをつかんでいます。
社員、幹部の適材適所に注力しましょう。

●語句解説

【ホコ】矛。三種神器（ミクサタカラ）の一つ。剣と同じで、破邪の権を象徴する。仁智勇の「勇」。→P202

三つの数字　❹❻❷　❹❻❹　❹❻❻　❹❻❽

60番　へその　（流治園）

流（へ）の園は　玉に潤す　政治（まつりごと）　糧（かて）足る園は　行くも安らか

斗の教えにすべては潤いを得て、食べるものに不自由はなく、将来にも不安はない。

〈卦意〉教えの水は地に満ち潤す。熱に欠けるをしばし危惧す。旅立ちに吉。

大吉（快晴　上手くいって次を目指したくなる）

〈恋愛運〉彼（彼女）との将来は、満ち足りていて幸せです。身と心を清浄にただす生き方を続けましょう。

〈健康運〉大変良好です。腹は八分目に。

〈財　運〉好調。健全な儲け話が、次々と花盛りとなります。

〈旅行運〉阿波の金比羅参り、丹波園部の摩氣神社参拝が吉。

〈家族運〉家内円満で無病息災。

〈仕事運〉伝達も課題消化も順調です。メンバーが互いに尊重し合っている関係が、好循環を生んでいます。

〈事業運〉社運は円満な成熟期を迎えます。増資を募るのも好機。ただし、テリトリー外への投資を慎むべき。

●語句解説

【玉】三種神器（ミクサタカラ）の一つ。斗（ト）の教えの象徴。大慈悲、叡智ある恵みを表す。→P200

三つの数字 ❹❼❷ ❹❼❹ ❹❼❻ ❹❼❽

61番 へゆん （流寿結）

流の結は 魚も子を産み 秋下る 望みの矢先 欲しを過ごすな

上流に登った魚も産卵を終えれば川を下るものだ。成果を得たなら、度を超してはいけない。

〈卦意〉成功の見極めが没落を避ける要。絶頂は転落の扉。果敢に攻め、ほどほどに退く。

小凶

（晴れ突然の雨に注意 それ以上欲をかくな）

〈恋愛運〉これが自分の求めた幸せだと満足して、欲をかくのは止めましょう。

〈健康運〉黄色信号から赤信号へ。肝臓、子宮に注意。

〈財　運〉曲がり角です。回収を急ぎましょう。

〈旅行運〉諏訪大社や、善光寺参りが吉。

〈家族運〉はしゃぎ過ぎには釘を刺しましょう。

〈仕事運〉転職するなら早めに。高給よりキャリアアップを。居残るなら、部下育成に本腰を入れましょう。

〈事業運〉過大投資を諫めましょう。市場の飽和に注意。成果物を回収して、時機を待つべき。

三つの数字 ❹❼❶ ❹❼❸ ❹❼❺ ❹❼❼

62番 へつる （流寿尽）「10綾」

流（へ）の尽（つ）るの　鈴に潤す　オオナムチ　宮も肺（ふくし）も　噤みしの花

逆境を受けとめ身を清らかに慎めば、運は必ず開けてくる。

〈卦意〉流浪に尽くして運を得る。水の冷たさを熱で受けとめ調和と成す。鈴の音を御守りに。

小吉（肌寒いけれど晴天　つつしまやかに。ラッキーアイテムは鈴）

〈恋愛運〉つらい仕打ちと思えても、自分の非を反省して、慎んで乗りこえれば、やがて結ばれます。

〈健康運〉不調は予兆、体質改善を。肺に注意。

〈財　運〉投資は控え、各案件を再チェック。

〈旅行運〉熱海来宮神社、津軽旅行で岩木山神社と善知鳥神社参拝が吉。

〈家族運〉シグナルを見落とさないように。

〈仕事運〉公明正大をモットーに、正々堂々と振る舞いましょう。謙虚さを忘れずに。実力は認められます。

〈事業運〉大手取引先の専横や、市場慣行の抵抗に遭いますが、耐えて工夫し、業績を拡大するでしょう。

●語句解説

【オオナムチ】大己貴。ソサノヲとイナダ姫の第五子クシキネ。初代大物主。アマテルの娘婿。→P196

【鈴／スズカ】鈴明。我欲（ホシ）を昇華した精神。世のため人のために仕える心のありかた。逆はスズクラ。→P199

【肺（ふくし）】肺臓。六臓（ムワタ）の一つ。肺は、嘘や粉飾、偽善によって自傷するとホツマは教える。

三つの数字 ❹❽❶ ❹❽❸ ❹❽❺ ❹❽❼

63番 へゐさ （流止勇）

流（へ）の勇（いさ）の 船は教ゑの ヲアナムチ 頭巾（うえみぬきぬ）を 被り諫めつ

大波に揺られる船の様な境遇においても、身を律して謹んで居れば、道は開ける。

〈卦意〉水は流れに沿い形に順がう。ありがとうは、ありがとうの母。

中吉（綺麗に雪積もる 反省が認められる）

〈恋愛運〉運命に翻弄されたようであっても、高望みをせず今の愛に感謝していれば恵まれます。

〈健康運〉良好ですが、呼吸器と消化器に注意。

〈財　運〉庇護者の許容の中で、稼ぎましょう。

〈旅行運〉出雲旅行や、伊豆旅行が吉。白浜神社の浜鳥居。

〈家族運〉良好だが、ワガママは制すが肝心。

〈仕事運〉波乱続きと感じるかもしれませんが、身の程を知り自重して乗り切れば、右肩上がりに。

〈事業運〉事業環境は波乱に満ちていても、顧客第一で本業に徹しましょう。株価は上がります。

●語句解説

【ヲアナムチ】オオナムチ。大己貴。ソサノヲとイナダ姫の第五子クシキネ。初代大物主。アマテルの娘婿。→ P196

【頭巾／ヒレ】領巾（ヒレ）は、縄文時代に厄除けの呪力を持つとされた細長い布をいう。矛や鏡にも付けた。→ P202

三つの数字　❹❽❷　❹❽❹　❹❽❻　❹❽❽

64番　へなわ　（流止和）「10綾」

流(へ)の和(なわ)の　釣りは恵比寿の　程ほどに　鮎と鯛との　臣ぞ招ける

身を処して大局を観察していれば、小才から大才まで適材適所の人材を得ることができる。

〈卦意〉水の流れに沿いて且つ流されず。天意まさに中にあり水を受く器をもたらす。

中吉（一日中晴れ　協力者が次々現れる）

〈恋愛運〉ウロウロしなくとも、自分を磨けば良縁が舞い込んできます。

〈健康運〉良好。肺と喉には注意。

〈財　運〉大きく稼ごうとせず、手堅く攻めましょう。

〈旅行運〉丹波亀山の出雲大神宮参拝。御穂神社の参道が吉。

〈家族運〉優秀な跡取り息子を得ます。

〈仕事運〉適材適所が今こそ求められる時。
部下の得意分野を開花させて、潜在能力を引き出しましょう。

〈事業運〉社員拡充の好機。良い人材が次々と加わります。
追い求めるのではなく「素」をアピールしましょう。

●語句解説

【恵比寿】クシヒコのこと。オオナムチの長男、アマテルの孫。事代主神。大国主も同人物。→ P196

三つの数字　❺❶❷　❺❶❹　❺❶❻　❺❶❽

65番　もやま　（地天山）

「国歌『君が代』の本歌／仮名序たとへうた本歌」＊32音ウタ

地(も)山と(大和)の　道は尽きせじ　荒磯海(ありそみ)の　浜の真砂(まさご)は　算(よ)み尽くすとも

荒海の浜の砂の数は数えきることができるとしても大和の道は無窮の大道だ。大いなる教えには限りが無い。

〈卦意〉大和は宗源を崇める道に在り。絶好調を戒め、良運に禊ぎを為す。伊勢二見を旅す。

大吉（澄み渡る青空の快晴　自信がみなぎり使命感を感じる）

〈恋愛運〉今の幸せに感謝しましょう。思いやりの心で暮らせば、愛はさらに深く尊いものへ深化します。

〈健康運〉大変良好です。手先の傷に注意。

〈財　運〉宝の山を掘り当てたようです。

〈旅行運〉伊勢参りは二見ヶ浦からどうぞ。

〈家族運〉満ち足りた日々です。

〈仕事運〉すべては上手く整って業績も堅調です。希望と共に目覚めて、感謝と共に眠りにつく日々です。

〈事業運〉順風満帆。上意は下達し、創業の志は地に根付いていて、短慮に惑わされません。

●語句解説

【やまと】弥真斗、まさに大いなる誠の斗（ト）。斗の教えが体現された国としてある日本国の古美称。→P204

三つの数字　❺❶❶　❺❶❸　❺❶❺　❺❶❼

66番　もはら　（地天原）

地(も)の原の　矛に基づき　和らぎて　邪(よこ)も素直に　流れ行くなり

断固とした措置により、邪悪なものたちもうごめくことを止めて素直になびく。

〈卦意〉厳制を興し柔和を得る。殺邪を以て興直と為す。鬼面を被って福を招く。

中吉 （心地良い風の一日　正しいことは強気で主張）

〈恋愛運〉彼（彼女）の浮気や裏切りは、断固として許さない姿勢を見せれば、案外とおさまるものです。

〈健康運〉手術となってもすぐ全快します。

〈財　運〉妨害や破壊も防御され、健全です。

〈旅行運〉相模大山、武蔵御岳山、木曽御嶽山への山登りが吉。

〈家族運〉あなたなら家族を守ることができます。

〈仕事運〉横やりや妨害も、果断な対抗でやすやすと処理ができて順調。チームの結束は固いです。

〈事業運〉厳正なる綱紀粛正が、業績向上と結びつきます。善良な社員が元気を取り戻し、社運が向上します。

●語句解説

【ホコ】矛。三種神器（ミクサタカラ）の一つ。剣と同じで、破邪の権を象徴する。仁智勇の「勇」。→ P202

三つの数字 ❺❷❶ ❺❷❸ ❺❷❺ ❺❷❼

67番 もきに （地吹来）

地の来にの 法は愚かに 改めず 基を起こせば 割れも来にけり

根本の憲法を安易に変えてはならない。基礎を揺るがすと割れが生じる恐れあり。

〈卦意〉我意を立てれば天は之を罰す。柱を替えようとして礎石を割る。温故知新を模索する。

中凶

（曇りのち雨　基本を無視して痛い目に遭う）

〈恋愛運〉二人が惹かれ合った最初の思いを大切に。「こんなはずじゃなかった」は、過大な要求のせいかも。

〈健康運〉異常値が出たら、セカンドオピニオンを。

〈財　運〉安易な乗り換えは、大損のもとです。

〈旅行運〉東国二社で、要石参拝が吉。

〈家族運〉新居転居は、家族でよく話し合いをしましょう。

〈仕事運〉いつの間にか、ルールを変えてしまったり、基準値を変更したりしていないか、要注意です。

〈事業運〉見栄えありきの社名変更、創業時方針の見直し、儲け目当ての多角化や投資に注意。業態変更しても、精神は堅守を。

三つの数字 ❺❷❷ ❺❷❹ ❺❷❻ ❺❷❽

68番 もちり 毋朩冄（地吹散）

地（も）散りなる　花は世嗣の　種待てど　業（わざ）も薄くて　揉めや散るらん

妃は世嗣子を期待しているが、男が本気で取り組まないとことは成就しない。

〈卦意〉足元に風吹く時には動かず。軽挙妄動は危ういが待望していても先はない。点火が必要。

小凶

（止みそうで止まない雨　その気あるのに上手くいかない）

〈恋愛運〉「結婚／子作り」には男が乗り気でないみたい。すれ違いは広がるのかも。

〈健康運〉精力減退で、活力が湧きません。

〈財　運〉相場はしぼんで、動きがありません。

〈旅行運〉佐渡島への旅や、弥彦神社参拝が吉。

〈家族運〉ご懐妊の吉報はありません。

〈仕事運〉なかなか成果を結びません。点火剤、点火役、あたたかい場作りが必要です。

〈事業運〉後継者が定まりません。本業の市場が縮小するけれども、展開先は見えません。時機を得ていないのです。

三つの数字 ❺❸❷ ❺❸❹ ❺❸❻ ❺❸❽

69番 もぬう（地富縫）

地に縫える　御衣は容易く　改めず　元の我が身に　比べ縫うなり

礼服、特に喪服を安易に新調してはならない。礼服は常に原点回帰を思い起こすものである。

〈卦意〉礼に異俗を用う勿れ。分限を知れば益有り。到達者は原点を忘れない。

小凶（曇り時々雨　背伸びをしない）

〈恋愛運〉実家や地域、職場の習慣をないがしろにすると、相思相愛の家庭や交際も気まずくなります。

〈健康運〉胃に注意。動悸や不整脈はサインです。

〈財　運〉馴染みの取引先を見失うと凶。

〈旅行運〉早池峰神社とみちのくの旅。

〈家族運〉法事をしっかりと執り行うべきです。

〈仕事運〉先例を安易に踏みにじると火傷します。前任者をすぐ超せると思うのは大間違い。

〈事業運〉創業時の社印、金庫、時計、道具などは大切に使いましょう。社内祭事をないがしろにしてはいけません。

三つの数字
70番　もむく　❺❸❶　❺❸❸　❺❸❺　❺❸❼

䷖（地富剝）

地に剝くは　山と麓の　形より　心離れて　宝むなしき

立場や役割は時と場合で変わっても、相手を思いやる心が離反したら、大切なものを失う。

〈卦意〉宝の山に登り空しく下る如し。潜在力の埋没。離れていることが問題でなく通じてないことが問題。

大凶（大雨が続く　心変わりして大切なものを失う）

〈恋愛運〉出逢った時とお互いの環境が激変し、心が空回りしてしまいます。

〈健康運〉血流が滞っています。

〈財　運〉危相。当初の前提が大きく崩れています。

〈旅行運〉河口湖や山中湖で、湖に映る富士山を遥拝が吉。

〈家族運〉心がバラバラです。淋しさがつのります。

〈仕事運〉ボタンの掛け違いがいつからなのか、よく反省しましょう。転職するのも選択肢です。

〈事業運〉衰運。経営トップと現場末端の、意識の乖離が大きいです。顧客ニーズとかけ離れてきています。

三つの数字　❺❹❶　❺❹❸　❺❹❺　❺❹❼

71番　もえて　（地流得）

地(も)に得ては　星を崇めて　永らえる　父母(たら)に仕えて　地徳(ものり)得るなり

星々に遠い先祖を準えて祈りを捧げれば天から寿命を得る。生きる両親に尽くし仕えれば地の加護を得る。

〈卦意〉孝心興せば徳は己に得る。天徳（あのり）祈り、地徳（ものり）得る。熱に欠ける。

小吉（晴れ夜は星空　父と母に感謝を実感）

〈恋愛運〉二人で夜空の星を眺めて出逢いに感謝しましょう。
両親を大切に。それが幸運の鍵。
〈健康運〉まずまず小康。静養を十分取りましょう。
〈財　運〉手堅く歩を進めれば、利を得ます。
〈旅行運〉筑波山への旅、下鴨神社河合社参拝が吉。
〈家族運〉親孝行プレゼントで運気上昇。
〈仕事運〉狙ったわけではない元からの立ち位置に、
幸運の呼び水が流れ来ます。感謝を忘れずに。
〈事業運〉小康状態。創業精神を遵守し、
古くからの顧客と取引先の支持、支援を得ましょう。

三つの数字　⑤④❷　⑤④❹　⑤④❻　⑤④❽

72番　もねせ（地流寝）

地(も)の寝せは　池と室とに　ヲウナムチ　俵藁(たわらわら)混ぜ　神酒(みき)ぞ造れり

オオナムチが酒を醸したように、良い環境において辛抱強く熟成を待つことが大切だ。

〈卦意〉地が潤えば吉報を待て。地ならし完了し、種と水は蒔かれた。

中吉（のんびりした晴れ間が続く　蒔いた種を見守る）

〈恋愛運〉相手はもうあなたの魅力に気づいて惹かれています。焦らず誘いを待ちましょう。

〈健康運〉良好です。身体を冷やさずに。

〈財　運〉思いつきで試した案件が金を産みます。

〈旅行運〉大神神社、松尾大社、小国神社参拝が吉。

〈家族運〉良好です。じっくりと成長を見守って。

〈仕事運〉順調です。創意工夫を促す環境が、新たな成長の種を見つけます。辛抱、我慢も大切です。

〈事業運〉幹部に自由闊達に展開させると金脈にあたります。蒔いた種の成長を待つことが肝要。

●語句解説

【ヲウナムチ】オオナムチ。大己貴。ソサノヲとイナダ姫の第五子クシキネ。初代大物主。アマテルの娘婿。→ P196

三つの数字　❺❺❷　❺❺❹　❺❺❻　❺❺❽

73番　もこけ　（地地転）

地(も)の転けの　虫は中身の　袋とり　早苗(さなえ)祭りに　猿田(去る田)なす神

害虫が、早苗の頃から内部に侵入して食い荒らしている。獅子身中の虫が悪をなして善を妨げている。

〈卦意〉根腐れの凶相。問題の質量よりも、不覚であることの問題が大きい。

大凶

（ぐずぐずの雨　中身に欠陥あり）

〈恋愛運〉例えば変な宗教にはまったりなど、心に害をなす悪い虫が巣くっています。要注意。

〈健康運〉内臓に疾患が。精密検査をしましょう。

〈財　運〉金庫の管理人がどうも怪しいです。

〈旅行運〉椿大神社の参拝、住吉大社の参拝が吉。

〈家族運〉家族同様の付き合いも距離をおいて見直しましょう。

〈仕事運〉こちらの情報が、相手もしくはライバル社に筒抜けになっています。利益がダダ漏れ状態。

〈事業運〉欠陥商品、不良在庫、内部不正、労使対立など、会社内部に腐敗要素が発生中。

三つの数字 ❺❺❶ ❺❺❸ ❺❺❺ ❺❺❼

74番 もおれ （地地折） 「三猿 見ざる聞かざる言わざる」

地（も）の折れは 矛の響きを 畏れみて 他所悪（よそが）も言わず 見ず聞かず居（お）れ

責任逃れをしている場合ではない。制裁は始まっている。おとなしくすることだ。

〈卦意〉三猿以て災い無し。外に三狂（みくる）を知りても心に三猿（みさる）を養う。

中凶 （雨は止まない　言い訳しないで改める）

〈恋愛運〉言い訳するのは見苦しいです。
他人のケースをあげつらっていてもダメ。誠意を見せましょう。

〈健康運〉足の骨折や、腹部疾患や痔の悪化で入院も。

〈財　運〉失策を認めて、手仕舞いを急いで。

〈旅行運〉日枝・山王神社、日吉大社への参拝が吉。

〈家族運〉親の忠告には素直に従いましょう。

〈仕事運〉不適切な仕事処理や過去のミスが発覚します。
関係してなかったとしても、指弾する側には立たないように。

〈事業運〉社内の悪慣行、不行き届きが露呈。
「他社も似たもの」と開き直ってしまい、さらに事態悪化します。

●語句解説

【ホコ】矛。三種神器（ミクサタカラ）の一つ。剣と同じで、破邪の権を象徴する。仁智勇の「勇」。→ P202

三つの数字　❺❻❶　❺❻❸　❺❻❺　❺❻❼

75番　もよろ　（地治喜）

「三埴重ね（おおお）の相」「五六の三」の卦「28綾」

地も（百）喜は　鏡の大臣に　起これども　ひとり漏れなば　心磨けよ

公正を貫くことができたと思っても、万全とは云えない何かが残っているぞ。

〈卦意〉能く勤め心を磨けば皆調う。地固め良くて風届かず。

小吉

（曇り所により雨　あともう一歩を忘れないで）

〈恋愛運〉愛を尽くしてきたと自己満足するには、まだ早いです。相手の気持ちを汲み取りましょう。

〈健康運〉腸に懸念ありです。足の傷に注意。

〈財　運〉他人任せにせず、自分自身でチェックしましょう。

〈旅行運〉春日大社、大原野神社へ参拝が吉。

〈家族運〉しばらく無沙汰していた家族に連絡しましょう。

〈仕事運〉二重のチェックをさせて、自分自身でも確かめましょう。特に、恩義ある方面への配慮を欠かさずに。

〈事業運〉見落としがあります。本来は総て調うはずの完成間際に発覚。入念に細部をチェックする。

＊写本は小凶だが、小吉の誤記と観る

●語句解説

【鏡大臣】三種神器（ミクサタカラ）の鏡を司る大臣。タカマの審議を司り、民生を全うさせ、祭礼を執る。→ P197

【五六の三の卦】猿田彦神が元の鏡大臣であった春日神（アマノコヤネ）の臨終に際して占った時の卦。→ P198

三つの数字 ❺❻❷ ❺❻❹ ❺❻❻ ❺❻❽

76番 もその （地治園）「三埴重ね（おおお）の相」

地（も）の園は　ウケモチの田の　勤めをも　中途（なかと）にならば　飢えや止むらん

ウケモチ神の恵みにより、一所懸命勤めれば、いずれこの食糧危機を食い止められるだろう。

〈卦意〉地は堅と雖も耕さねば伸びるもの未だ無し。病も養正に厳なれば治る。

小吉（雨のち晴れ　先ず持ち場を何とかしよう）

〈恋愛運〉自分のテリトリーをキチンと守り、勤めることが大切です。どっしりと構えましょう。

〈健康運〉無理は避けて、体力を温存させておきましょう。

〈財　運〉保険をしっかりかけておくべきです。

〈旅行運〉伏見稲荷大社への参拝が吉。

〈家族運〉危機感を共有して団結しましょう。

〈仕事運〉かなり危ない局面もありますが、事前の想定で第二作戦を用意していれば、効を為します。

〈事業運〉新規分野の伸び悩みも、主力部門の合理化努力で持ちこたえます。諦めるのはまだ早いでしょう。

●語句解説

【ウケモチ神】保食神。天神三代トヨクンヌの兄弟。農業大臣の要職を世襲した。尊称にイナル（稲荷）神。→ P195

三つの数字　❺❼❷　❺❼❹　❺❼❻　❺❼❽

77番　もゆん　（地寿結）

地（も）の結（ゆん）に　魔物（はたれ）矢降れば（破れば）　琴の音の　柔しも弓（ゆん）ぞ　尊かりける

邪悪な存在により世の中は揺れて、危険にさらされている。聖なる抵抗が望みの綱なのだが。

〈卦意〉邪な富を羨む故に魔が心に入る。

中吉（強風おさまり晴天　正攻法で勝ちを取る）

〈恋愛運〉二人の仲を裂きかねない危機が来襲。
でも、清らかな振る舞いを忘れないように。
〈健康運〉病魔が襲うが回復を得ます。
〈財　運〉不意打ちの攻撃に備えましょう。
〈旅行運〉戸隠神社、伊豆の大瀬崎神社への参拝が吉。
〈家族運〉外が嵐でも、家庭内では楽しい音楽を流して。
〈仕事運〉執拗な攻撃に晒されます。
正々堂々と立ち向かい、慌てなければ大丈夫。
〈事業運〉敵対勢力が力を増しています。相手は非合法ギリギリだが、
こちらは正々堂々と受けるべきです。

＊写本は中凶だが、中吉の誤記と観る

●語句解説

【ハタレ】天朝を脅かした反乱勢力。六つのハタレがアマテル神を悩ました。→ P201

三つの数字 ❺❼❶ ❺❼❸ ❺❼❺ ❺❼❼

78番 もつる （地寿尽）

地（も）の尽（つ）るは　真賢木（まさかき）花の　勲功（いさおし）も　仇の病も　元に還えつる

不動に思えた地位や業績も、終わりの時が来る。克服したと安心していた障害にまた苦しめられる。

〈卦意〉新風と浄水を欠いて土焼ける。地に築いた財も燃え尽きる。焦土と化す。

大凶

（日照りで水不足　昔の敵が再来する）

〈恋愛運〉築いた愛も崩れる時が来るようです。
あなたか相手の元彼（元彼女）がきっかけです。

〈健康運〉致命傷を負います。持病の再発も。

〈財　運〉新たな資産増は見込めません。

〈旅行運〉元伊勢伝承のあるお宮を巡拝が吉。

〈家族運〉離散してしまいます。

〈仕事運〉栄華を極めていたのも今は昔。
打つ手がことごとく裏目に出て、もはや進退が窮まります。

〈事業運〉終焉の凶相。業態が時代の終焉を迎えます。
原料枯渇か市場喪失。以前は転換できましたが、今回は至難。

●語句解説

【真榊（まさかき）】タカマで時を刻むに使用した聖木。鈴の木。六万暦年で花咲き乱れ、枯れるという。→ P203

三つの数字　❺❽❶　❺❽❸　❺❽❺　❺❽❼

79番　もゐさ　（地止勇）「21綾」

地（も）の勇（いさ）は　土竜（おころ）の　噛める　地（は）を崇め　居も改めて　東南（きさ）を諌めよ

張り切って転居や新築しても、土地の神が認めてはいない。居住まいを元から省みて足元を立て直せ。

〈卦意〉地が天意に逆らう。地の利を得ず。紛れ者は東に往き南に還る。

大凶

（余震が続く　足元を立て直せ）

〈恋愛運〉喜び勇んで同棲や新居に移っても、両親やまわりが認めていません。手順を踏みましょう。

〈健康運〉治療法か、信じていた健康法が裏目に。

〈財　運〉元々の出資割合に致命的ミスが。

〈旅行運〉あまり動かない方が良いです。居場所を祓いましょう。

〈家族運〉誰もが何故か、落ち着かない気分に。

〈仕事運〉腰が定まらず、何をやっても外してしまいます。いったん引き返して陣地を固めましょう。

〈事業運〉本社移転先、工場立地、新店舗立地、あるいは新開拓市場の風水に問題があります。地鎮祭をすべき。

●語句解説

【おころ】土竜、土公。モグラに付けられた神名。カグツチ（火神）とハニヤス（土神）の不祥の子神。→P196

三つの数字 ❺❽❷ ❺❽❹ ❺❽❻ ❺❽❽

80番 もなわ 毋田夕（地止和）

地の和の 法は昔の 政治 因みも業も 共に導く

古くからの掟や仕来りを大切にしていれば、事業も夫婦関係も連動して上手くいく。

〈卦意〉天地収まりて肥ゆ。基に留まり耕せば導きを得て和す。稼ぎよければ仲も良し。

中吉（一日中晴天　仕来り通りで上手くいく）

〈恋愛運〉親の教えや古いしきたりを、馬鹿にしないで大切にすれば、きっと上手くいきます。

〈健康運〉足腰も胃腸も良好。骨盤を鍛え、脊髄を伸ばすことを意識しましょう。

〈財　運〉堅調です。手堅く攻めましょう。

〈旅行運〉観音霊場巡りが吉。

〈家族運〉円満です。夫婦は手をつなぎましょう。

〈仕事運〉順調です。オーソドックスな手法で誠実にコマを進めると、必ず信頼を得ます。

〈事業運〉創業者精神に則って大道を踏みます。業績は順調。社業は拡充しますが、新規事業へ着手の時機ではありません。

三つの数字　❻❶❷　❻❶❹　❻❶❻　❻❶❽

81番　をやま　（治天山）

「仮名序ただことうた本歌」

治山と（大和）の　道は素直に　偽らで　人の言の葉　和得に行くなり

大和の道の成就には、素直に偽りを遠ざけて、率直な言葉で言行一致させていくことが大切だ。

〈卦意〉崇神治民の道は直に在り。正直者の頭に神宿る。

大吉（快晴　嘘をつかずに優しい言葉で）

〈恋愛運〉素直に偽らないことが肝心です。
幸運を願うなら、言葉使いにも注意しましょう。

〈健康運〉気力充実しています。目と耳を休ませましょう。

〈財　運〉信頼されて資金が得られます

〈旅行運〉三輪明神参拝、神山登拝が吉。室生の竜穴神社奥宮も。

〈家族運〉慈しみと和らぎに満ちています。

〈仕事運〉コツコツと積み重ねてきた実績が、信頼を得ます。
偽りを避け、正道を歩みましょう。

〈事業運〉社業は天意に沿い、地の利を得て好調。
粉飾や改竄を戒め、税金は素直に納めること。

＊写本は小吉だが、大吉と観る

三つの数字 ❻❶❶ ❻❶❸ ❻❶❺ ❻❶❼

82番 をはら（治天原）

治の原は　道も剣も　欠けさじと　求め幸う　治原サシ神

政道の要諦は、道理を通し、悪弊を絶つことを自立的に行うように教化することにあるのだぞ、指導者諸君。

〈卦意〉道を践みつつ剣を研ぐ。ヲシカの道は「終わらさせぬ」道。教導無窮。

中吉（凪はあるものの晴天　アメとムチを使い分ける）

〈恋愛運〉愛情表現と相手への気遣いが必要。同時に、ダメなものはダメと釘刺すことも大切です。

〈健康運〉良好ですが、咳が出たら注意。

〈財　運〉王道を歩んでいるなら、攻めの一手で。

〈旅行運〉出羽三山への巡拝が吉。

〈家族運〉家族の放逸には、愛情をもって忠告を。

〈仕事運〉厳しいチームリーダーが全体を引っ張り、業績を上げています。締まって行こう！

〈事業運〉社内環境も取引環境も波風は立ちませんが、教育指導と法務的防衛策をおろそかにしないこと。

●語句解説

【ヲシカ】サヲシカのこと。アマテル大御神の勅使。斗（ト）の教え、妹背（イセ）の教えを諭す。→ P198

三つの数字 ❻❷❶ ❻❷❸ ❻❷❺ ❻❷❼

83番 をきに ☼ 𐌷 ⺿ **（治吹来）**

治の来にの 勲功弟に あるなれば 家も境も 南にぞ来にけり

褒美を餌に強者どもを求める邪悪なうごめきが、北面にある指導者に謀反する勢力を集めて居るぞ。

〈卦意〉國に悪風来る。断固たる処置（火）と慈しみある教え（水）で対応すべし。失せ物は東南の林に有り。

大凶

（大型台風警報　攻撃者が群がっている）

〈恋愛運〉相手は冷めているのみならず、都合の良い仲間を引き寄せて、あなたを陥れようとしています。

〈健康運〉極めて危険。心、腎や免疫系疾患に注意。

〈財　運〉利益相反している可能性があります。

〈旅行運〉箱根・伊豆山・三嶋大社の三社巡拝が吉。

〈家族運〉兄弟姉妹の諍いが噴出します。

〈仕事運〉ボスチームとサブボスチームの反目が、諸悪の根源です。転職も選択肢の一つ。

〈事業運〉社内に悪質な抵抗勢力が出現し、外部と結託しています。専務、副社長クラスの下剋上か。

三つの数字　❻❷❷　❻❷❹　❻❷❻　❻❷❽

84番　をちり　（治吹散）

治（を）の散りの　民は火を消す　争ひの　弟（おと）が乱れば　母屋（おもや）散るらん

反乱の予感を感じ取って民たちは竈の火を落としている。反逆者により大混乱が起きようとしているのか。

〈卦意〉嵐吹き灯火消ゆ。弱者が犠牲に散る。岩戸開きの智と明を要す。紛れ者は亡くなるが病は治らず。

大凶 （嵐に雷　傷つく者が多い）

〈恋愛運〉夫婦の不仲を子供たち（二人の不仲を仲間）が、感じ取って萎縮しています。別れは皆を巻きこみます。

〈健康運〉かなり危険。呼吸器も消化器も難あり。

〈財　運〉次代の柱と期待していた方を、損切りすること。

〈旅行運〉遠出は禁物。産土神社でお百度参りを。

〈家族運〉弟（あるいは妹）の我がままが通ると悲惨な結果に。

〈仕事運〉事態はさらに悪化する可能性があります。意地の張り合いは、お互いに利益をもたらしません。

〈事業運〉社内抗争が激化し、不穏な空気が漂います。敵味方の峻別に社内は乱れます。事業分野の共喰い状態も。

三つの数字 ❻❸❷ ❻❸❹ ❻❸❻ ❻❸❽

85番 をぬう（治富縫）

治縫うなる　御衣は裳裾も　綻びず　ツウジ・ヨコベの　いとも賢し

悪のうごめきには監督官、査察官が察知して善処する。下々の動きを見逃さない働きが肝心だ。

〈卦意〉治を焼く愚者を編み目に制す。君自ら政を聴けば綻び無し。

小凶

（曇り時々雨のち晴れ　頼りになる仲間と障害を乗りきる）

〈恋愛運〉信頼する友人達の忠告には耳を傾けよう。嫉妬心ではない真実が隠されているかも。

〈健康運〉筋力が落ち、神経痛あり。

〈財　運〉財をかすめようとした者は排除されます。

〈旅行運〉おかげまいり（伊勢参り）、賀茂神社が吉。

〈家族運〉ゴタゴタも無事解決します。

〈仕事運〉ひと波乱あるといえますが、丸く収まります。早めに察知した功労者に報いましょう。

〈事業運〉社内に不正取引、失策隠蔽工作が発生しますが、察知でき善処できます。内部通報者を守るべし。

●語句解説

【裳裾】社会の末端にいる民衆。また、その民衆と臣、そして君を結ぶ絆のこと。→ P204

【ツウジ・ヨコベ】中央政庁から地方政府へ派遣された補佐官と監査官。→ P200、→ P204

三つの数字 ❻❸❶ ❻❸❸ ❻❸❺ ❻❸❼

86番 をむく（治富剝）

治の剝くは　矛と鏡を　明かしめ　向かう仇無く　ただに治まる

ホコ（剣）の大臣と鏡の大臣が、文武両道で道義を明らかにしていく。謀反する勢力はなく安穏を保つ。

〈卦意〉雅に向かえば仇なし。文武両道。智勇兼備。

中吉（一日中晴れ　アメとムチで敵無し）

〈恋愛運〉愛情表現はしっかりと、また気に入らないことは溜めずに相談をして、明るく暮らしましょう。

〈健康運〉胃腸良好、食欲旺盛。暴飲暴食注意。

〈財　運〉難なく儲けを得ることができます。

〈旅行運〉金比羅宮参り、東国三社参り吉。

〈家族運〉福禄円満で家内安全。

〈仕事運〉業績は調子良く伸びていきます。目標設定が正しく、攻めと守りのバランスが良い。

〈事業運〉経営トップが自省心を保ち、果断な措置を怠らなければ、社内は安泰します。

●語句解説

【矛と鏡】三種神器の矛＝剣と鏡。行政司法権と祭祀典礼権、則ち武と文を各々管掌する。→P196、→P202

三つの数字 ❻❹❶ ❻❹❸ ❻❹❺ ❻❹❼

87番 をえて ✡ （治流得）

治め得て 斗に潤せば 上下慕う 増して民をや 治得て懐らん

滞りをなくし、斗の教えで善政を敷けば身分を超えて親しみ合う。良民は増えて政治はまとまっていくだろう。

〈卦意〉水（教え）に地は潤いを得る。良治に愚民なし。鹿を飼えば稲穂を噛まず。

中吉（一日中晴天　まじめな態度が先輩にも後輩にも好感得る）

〈恋愛運〉相手を思いやり自分磨きを怠らないならば、このまま二人は上手くいくでしょう。

〈健康運〉消化器系も循環器系も良好。

〈財　運〉社会貢献策が財運を高めます。

〈旅行運〉賀茂二社参り、富士浅間社巡拝が吉。

〈家族運〉子孫への援助を惜しまないように。

〈仕事運〉部下の成果ではなく成長を誉めることで、チームはレベルが向上します。無礼講も良いです。

〈事業運〉社員第一、顧客第一を徹底すれば社運は向上、従業員も充実し、マーケットは拡大します。

●語句解説

【斗の教え】トヨケ神の薫陶を得たフタカミが道義政治の根幹に据え、アマテルが確立した治政原理とその文書。→ P201

【カモ】上下、上層上流と下層下流。隔たり無く恵み包む時につかう。賀茂、鴨、加茂などの用字の元の意味。→ P197

三つの数字 ❻❹❷ ❻❹❹ ❻❹❻ ❻❹❽

88番 をねせ ✡ 聿 (治流寝)

治の寝せは 女の政治 起き伏しも 分かぬ迷ひの 男は寝せにけり

男がかまけて女の好き放題にしていると道理が廃れる。混迷極めた寝ぼけ政治になるだろう。

〈卦意〉妖水地を犯す。女智有りと雖も賄に迷い易し。

大凶

(大雪警報 男がだらしなくて困る)

〈恋愛運〉 男がだらしないと、女も道に迷って誤ります。男を目覚めさせなければ、いずれは破局です。

〈健康運〉 糖尿病悪化のシグナル。

〈財　運〉 いつの間にか名義が変えられています。

〈旅行運〉 先祖のお墓参りをしましょう。

〈家族運〉 女性の尻に敷かれてはいけません。

〈仕事運〉 上層部にコネのある女性スタッフに振り回されます。転職するのも選択肢です。

〈事業運〉 経営者親族の放縦な介入が、社内を混乱させます。色仕掛けで抜擢された女性幹部が、調和を乱します。

三つの数字　❻❺❷　❻❺❹　❻❺❻　❻❺❽

89番　をこけ（治地転）

治（を）の転けは　道に彷徨（さまよ）う　身の住処（すみか）　業（わざ）も病も　痩（こ）けや足すらん

道理を外れて原理を失っている。本拠地も定まらず、事業も細り、病弱となるに違いない。

〈卦意〉意を転ぜよ、さもなくば処を失うべし。地すべり、地盤沈下、土石流。常薬を替える。

大凶

（長雨が続く　ふらふらして事態は悪化）

〈恋愛運〉あなたの行為は不倫です。
このまま上手くいくはずなく、仕事も失い、病に伏すでしょう。

〈健康運〉消化器系に重大疾患。メンタルの不調も併発。

〈財　運〉衰運です。原則なき投機が全敗します。

〈旅行運〉七面山の神池を拝む。お遍路も吉です。

〈家族運〉心がバラバラです。

〈仕事運〉中心軸がはっきりせず、フラフラして迷います。
信頼できる仲間が見えない状態。

〈事業運〉衰運の相。安定基盤を過信して、水漏れが激しいことに。
市場に地殻変動。社長の健康不安あり。

三つの数字 ❻❺❶ ❻❺❸ ❻❺❺ ❻❺❼

90番 をおれ ☼ 曰 夬 (治地折)

治の折れは 曇る鏡も あからさま 畏れずはネズミ 猫や噛むらん

失政の原因は、省みるための鏡が曇っているからだ。自らを律しない上の姿を下は畏れず、反逆の機を窺う。

〈卦意〉謀反の相。自業自得。中心軸が折れる。裸の王様。紛れ者は北の地下に隠る。

大凶

(大雨雷警報 気がつけば裸の王様)

〈恋愛運〉生き方、愛し方を猛省する時です。
自分を見つめ直さなければ浮気は治りません。

〈健康運〉大腸直腸の疾患。足の骨折。

〈財　運〉飼い猫に手を噛まれます。

〈旅行運〉近隣の寺で座禅を組むと良い。

〈家族運〉溺愛していた者に疎まれます。

〈仕事運〉極めて不調です。リーダーは舐められて指導力がありません。
雌伏すれば抜擢のチャンスも。

〈事業運〉社長や経営幹部に過信やおごりがあり、不信が渦巻きます。
部下や下請け先の離反が相次ぐでしょう。世襲は破綻の兆しあり。

三つの数字　❻❻❶　❻❻❸　❻❻❺　❻❻❼

91番　をよろ　（治治喜）　「三埴重ね（おおお）の相」

治（を）に喜（よろ）の　心は内の　サコクシロ（精奇城）　生む人は神　神は人なり

みずからの内面を浄めて心を清浄に保つ人はカミそのものだ。カミは人に宿るのだ。

〈卦意〉心穢れれば兎捕らわれ苦しむ如し。迷は鬼を生み明は神を生む。

大吉（おだやかな晴天　居場所が落ち着いて休まる）

〈恋愛運〉自分磨きの基本は心の清浄です。怒り憎しみ妬み嫉みを鎮めれば、愛をつかめるのです。

〈健康運〉良好。腸内環境を向上させましょう。

〈財　運〉開花しました。必ず実を結びます。

〈旅行運〉皇居、靖國神社、明治神宮の三聖巡拝吉。

〈家族運〉平穏です。食事会をしましょう。

〈仕事運〉良好です。目に見える数字の成果はまだ出なくても、機は熟しています。

〈事業運〉事業の目的と自身の人生、生きがいとを、虚心坦懐に熟考すべき時。心の真実を問いかけましょう。

＊写本は小吉だが、中吉もしくは大吉と観る

●語句解説

【サコクシロ】天上にあっては天御祖神と八元神が坐すところ。地上にあってはアマテル神の坐す伊勢の地。→ P198

三つの数字 ❻❻❷ ❻❻❹ ❻❻❻ ❻❻❽

92番 をその ✡ 毋 田 （治治園）

「三墳重ね（おおお）の相」

治の園は 焼けて粟田の 鳥餌あり 水とり得ねば 園の燃え草

焼き畑で地をならしても、肝心な時に雨が降らなければ、鳥の餌だけ残るただの燃え跡に過ぎない。

〈卦意〉（水稲の）労を厭って（焼畑に）糧を失う。とらぬ狸の皮算用。

小凶 （曇りのち雨 楽したと思って損をする）

〈恋愛運〉 失恋してフリーになったといっても、誘い水がなければ、相手も振り向きはしません。

〈健康運〉 肥満が大病のもとに。

〈財　運〉 ムダな投機となりそうです。

〈旅行運〉 伏見稲荷大社、砥鹿神社、伊勢の茜稲荷社が吉。

〈家族運〉 温かい団らんの機会が必要です。

〈仕事運〉 強引な地ならしで、表面はまとまっていますが、情報共有も熱気も不足しています。

〈事業運〉 短慮で儲け話に乗り、損失を得ます。甘い見込みは破綻します。取り組む気がないなら、早期撤退を。

三つの数字 ❻❼❷ ❻❼❹ ❻❼❻ ❻❼❽

93番　をゆん　☼ 亼 ⊗（治寿結）

治の結（弓）の　政庁庭に　畏るれど　馬より琴の　民を導くなり

民衆はお役所の威厳を畏れるが、（巡視につかう）馬を引くより楽曲で教化する方が教えは良く伝わる。

〈卦意〉主の強弓、城下に届かず。弓馬盛りて未だ収まらず、管琴和して漸く治まる。

小凶

（晴れたり曇ったり　責め立てるより優しく伸ばす）

〈恋愛運〉美しさや財産が注目されても、結局は、優しい言葉や振る舞いが、本当の愛を引き寄せるものです。

〈健康運〉肝臓、骨密度に注意。左手の傷。

〈財　運〉盛り上がるほどには稼ぎは少ないでしょう。

〈旅行運〉日光東照宮や中禅寺湖への旅が吉。

〈家族運〉お互いの本音が語られていません。

〈仕事運〉リーダーはやきもきしていますが、部下の覇気が欠けています。剛より柔でまとめましょう。

〈事業運〉豪腕経営は業績を上げますが、社員が楽しくやりがいを実感できる組織の方が、結局伸びます。

三つの数字 ❻❼❶ ❻❼❸ ❻❼❺ ❻❼❼

94番 をつる [illegible]（治寿尽）

治(を)に尽(つ)るの　政治(まつり)は花の　香(か)に残り　病む貧しさも　鬼神(をに)や尽(つ)くらん

正しい政治の効力は見えないようであっても花の香のように人の心を包み、病や貧困、悪鬼も遠ざけるのだ。

〈卦意〉 中極が全方位へ均等に拡がる象（[illegible]）の卦。長患い苦しみ後に快癒す。禁制廃して後に民潤う。

小吉 （曇りのち晴れ　不幸に思えて実は恵まれている）

〈恋愛運〉 真実の愛は、目に見えなくても、あなたを包み守り、明るい気持ちを湧き起こさせるものです。

〈健康運〉 病も快癒に向かっています。

〈財　運〉 大儲けはないものの順調です。

〈旅行運〉 大江山の元伊勢皇大神宮、吉備津神社が吉。

〈家族運〉 わだかまりも解けていきます。

〈仕事運〉 幸運のタネが芽を出したところです。心を一つにすれば、障害を乗りこえ花開きます。

〈事業運〉 経営方針が正しければ、未熟な社員も漸次成長し、無理無駄なく社業が発展していきます。

三つの数字 ❻❽❶ ❻❽❸ ❻❽❺ ❻❽❼

95番 をゐさ ☼丹⊖（治止勇）

治（を）の勇（いさ）の　道速（みちすみ）やかに　勇むるは　芥（あくた）のチカラ　諫早（ゐさはや）の神

勢いにまかせて突き進むのは、ゴミのような無駄なチカラでしかない。それを諫早の神が諫めるのだ。

〈卦意〉熟慮待機に真の勇在り。短兵急を諫める。息切れ（火）指導不足（水）に配慮する。

小凶（晴れのちにわか雨　急いではダメ）

〈恋愛運〉焦って飛び込んでいってはダメです。
ここはじっくり結ばれる機会を待ちましょう。

〈健康運〉見た目は丈夫そうでも、腸内環境が悪いです。

〈財　運〉儲かっているようで、残りはわずか。

〈旅行運〉長崎、島原への旅が吉。

〈家族運〉頭ごなしに叱ってもムダ。よく話し合いましょう。

〈仕事運〉無鉄砲なチャレンジを看過していると大事になります。
よく言い聞かして、路線修正しましょう。

〈事業運〉急成長、過大投資、大量採用には慎重な判断が必要です。
指導や意識の共有を急ぐこと。供給ラインを確立します。

三つの数字 ❻❽❷ ❻❽❹ ❻❽❻ ❻❽❽

96番 をなわ ☼⊕夕（治止和）「しめなわ」

治の和の 綿は猿田の 慎まやか 鳥居にほとを 掛くるかさ縄

猿田彦のような偉大な神こそ、神殿に参上する時は、鳥居で威儀を正す謙虚さを失わないでいる。

〈卦意〉 分限を知るが大徳。産土社や氏神社への参拝や奉献は倖を得る。神棚を常に清浄に保つ。

小吉（晴れ夕焼けが綺麗 好調な時ほど礼儀正しく）

〈恋愛運〉 相手の愛を感じる時ほど、高慢なふるまいや、馴れ馴れしい態度に気をつけましょう。

〈健康運〉 頑強ですが、不摂生は禁物です。

〈財 運〉 儲けたら、神仏に奉献して恩返しを。

〈旅行運〉 椿大神社と多度大社の二社参りが吉。

〈家族運〉 季節の節会では席順を調えましょう。

〈仕事運〉 良好です。強引な手法は避けて、作法に則り、堅実に上を目指しましょう。

〈事業運〉 たとえ業績で優位に上がっても、社歴ある同業者、先輩経営者には謙って礼を尽くしましょう。

●語句解説

【猿田彦神】ニニキネの全国行幸を先導。導き開拓の神。アマテル大御神の奥津城を建造した。→ P198

三つの数字
97番　すやま　△ ⊕ ⊕　（寿天山）　⑦①②　⑦①④　⑦①⑥　⑦①⑧
「仮名序いはひうた本歌」

寿（す）の山は　宜（むべ）（郁子）も富けり　幸草（さちくさ）は　三つ葉四つ葉の　殿造りせん

山には不老長寿の霊果「むべ」がたわわに実っている。永遠（とわ）の都を拓く機は熟した。

〈卦意〉天の恵みを裳裾に配して寿を積む。器の選択（土）と情報交換（風）が要。

大吉（快晴　新ステージへ踏み出す）

〈恋愛運〉愛が実る季節の到来です。自信を持って、二人の新しい生活への計画を進めましょう。

〈健康運〉精気がみなぎり、健康です。

〈財　運〉面白いほど儲かります。

〈旅行運〉出雲の八重垣神社、お伊勢参り、賀茂二社参拝が吉。

〈家族運〉福徳円満、家内安全。笑顔が絶えません。

〈仕事運〉絶好調です。新記録を樹立できるかもしれません。実るほど頭を垂れる姿勢を大切に。

〈事業運〉躍進を寿ぐ吉祥。新規事業、新市場開拓、新工場新店舗、本社移転、等を全社一丸で推進しましょう。

●語句解説

【むべ】郁子、野木瓜。アケビ科の常緑つる性低木。茎や葉に薬効がある。古来、不老長寿の霊果とされる。→ P203

【三つ葉四つ葉】不老長寿のハラミ葉をいう。アマテル神が常食した富士山（ハラミ山）自生の霊草。→ P203

三つの数字

98番　すはら　❼❶❶　㐃　❼❶❸　⑪　❼❶❺　㐅　❼❶❼（寿天原）

寿の原の　政治豊かに　寿げば　原（晴）と潤わう　民ぞ抱けり

高天原のご政道は真っ当で民は豊かに平安である。天の教えが民を恵み、慈愛につつみこんでいるのだ。

〈卦意〉永き恵みを妊みて寿ぐ。成長よりも満足を実感。収穫は目前。次の構想が必要。

大吉

（恵みの快晴　全てが満たされた気分）

〈恋愛運〉二人の愛は天意にかなない祝福されています。まわりの人も幸せになるでしょう。

〈健康運〉気力充実で病を寄せつけません。

〈財　運〉想定以上の儲けとなり、うれしさ百倍。

〈旅行運〉甲府一宮浅間社と河口浅間社、筑波山神社奥宮が吉。

〈家族運〉一族協和。念願も叶います。

〈仕事運〉好調期が長く続きます。チームの風通しを良くし、常に上を目指しましょう。

〈事業運〉社業は順風満帆。天意がとおり、勢いもあって、社員や取引先も顔色が明るいです。

三つの数字　❼❷❶　❼❷❸　❼❷❺　❼❷❼

99番　すきに　（寿吹来）

寿来（急き）鈍き　兄が瓢は　世の器　弟が茄子は　すき（隙／杉）になるなり

兄は才覚に優れて役に立つが、その陰に隠れる地味な弟が、やがては大きく成長することに気づいていない。

〈卦意〉瓢大にして空になれど茄子小にして滋味深し。大器晩成。急ぎては、大杉に成らず。

小凶

（天気晴朗なれど波高し　注目の陰に逸材が埋もれる）

〈恋愛運〉言葉巧みないい男（女）が言い寄ってきますが、
その陰に地味だが良夫（妻）になる人が隠れています。

〈健康運〉頑張ってつい無理すると危険。咳に注意。

〈財　運〉急成長には注意が必要。地味な案件が狙い目。

〈旅行運〉箱根旅行、羽黒山、戸隠奥社、河口浅間社が吉。

〈家族運〉目立つ子だけを依怙贔屓しないように。

〈仕事運〉花形プレーヤーばかりに注目していると、
真の実力者の成長を見逃してチャンスを失います。

〈事業運〉先行する収益部門に注目が偏るが、その陰に、
潜在的な有力株が埋没しています。地道な育成が大切。

●語句解説

【杉】→P199

三つの数字 ❼❷❷ ❼❷❹ ❼❷❻ ❼❷❽

100番 すちり (寿吹散)

寿の散りの　揺られの　水の殊(こと)降りに　撫で収まりし　寿散り雷(かみなり)

地震が収まったと安堵していたら雷がとどろき、豪雨に見舞われる。崩れた地盤に洪水や土砂崩れの危険あり。

〈卦意〉地震、雷、豪雨の予兆。災難の連続。神を頌え三光（日月星）を握れば則ち謐まる。

大凶

（豪雨雷警報　泣きっ面に蜂）

〈恋愛運〉環境、生活の危機を乗り越えたと安堵するも、二人の愛に深刻なキズが生じているかも。

〈健康運〉怪我と病気の連続危機。骨折と呼吸器。

〈財　運〉青天の霹靂で財を失います。

〈旅行運〉本拠地を離れない方が良いでしょう。

〈家族運〉災害の危険、緊急連絡先を再確認して。

〈仕事運〉ダブルショックで痛手。乗り切ったと思った時に最大の試練。転職は落ち着いてからが無難。

〈事業運〉二段階の凶相。経営困難を乗りこえたら、弱まったところにまた別の危機が襲いかかります。

三つの数字 ❼❸❷ ❼❸❹ ❼❸❻ ❼❸❽

101番 すぬう ⚠︎ (寿富縫)

「三陽重ね（ううう）の相」

寿に縫うは ゾロ(穀菜)真魚三つの 魂祭り 茗荷に薄らぐ 形縫うなり

米と野菜と魚を供物にお盆の先祖祭りを営み、茗荷の薫香が先祖に届いて、至らぬところを加護して下さる。

〈卦意〉祀り徹れば縫い堅し。縦横が陽（火）で上手く結ばる象の卦。教え恵み（水）や情報（風）を補う。

大吉 (快晴夕涼みに良し ご先祖さまに感謝)

〈恋愛運〉二人のそれぞれのご先祖さまを、共にお盆に祀りましょう。幸せな暮らしをお守り下さいます。

〈健康運〉気力充実ですが、胃と肝臓には注意。

〈財　運〉思いのほか儲かるが、天狗にならないで。

〈旅行運〉郷里に帰省して先祖のお墓参り吉。

〈家族運〉世代間の親睦を深めて良運。

〈仕事運〉諸先輩たちの築いた信用のおかげで、業績は上り調子。ＯＢや物故者に感謝を忘れずに。

〈事業運〉社業は絶好調。社長も社員も市場も意気軒昂。ただし、感謝を失うと危うくなります。謙虚に前進します。

●語句解説

【ゾロ】稲などの穀類。転じて実りや収穫、さらに転じて一年という周期をいう。安聡は「菩薩」と用字する。→ P199

【真魚（まな）】神に捧げる魚。お食い初めを「まな初め」「まなの祝い」とも称した。→ P203

【茗荷】その形状がフトマニ図中心の「あうわ」の「う」に似ており、群生することから子宝のモノザネ。→ P204

三つの数字
102番 すむく ⑦③① ⑦③③ ⑦③⑤ ⑦③⑦
ム 全 山 （寿富制）
「三火凝り（ううう）の相」

寿に制くは 君華やかに 民奢る 後の災ひ 既に背くなり

大君が、華美に流れると下々も傲慢になる。後日の災厄が既に目前であることを受け流して危機感がない。

〈卦意〉財と位は極めると失せる。業火、灰となることを知らず。巡らす（風と水）ことを知るべし。

大凶

（猛暑日熱中症に注意 イケイケで進むと転ける）

〈恋愛運〉お金を稼げば、あるいは美容に励めば、二人で贅沢すれば、それで愛が深まるというものではありません。

〈健康運〉燃焼が激しすぎて、胃や肝臓、筋肉に支障があります。

〈財　運〉驕ること久しからず。痛い目に遭うでしょう。

〈旅行運〉蟹、ウニ、イクラ抜きの北海道旅行吉。

〈家族運〉甘やかしたツケで仇となります。

〈仕事運〉イケイケで荒稼ぎした後の焼け野原に立つ気分。転職しても栄華は戻りません。

〈事業運〉絶好調の背後に転落が予兆されます。社長や経営幹部の贅沢が現場の高慢な態度を生み、外から反感を買います。

103番　三つの数字 ７４１　７４３　７４５　７４７

すえて　[ヲシテ文字]（寿流得）

寿を得ては　鑽火(きりひ)に　寒(さむ)る　冷えあれど　流れの船に　棹(さお)ぞ得にける

寒さはつのるが鑽火で火をおこすことはできた。漂流していた船だが失った棹を得ることができた。

〈卦意〉寒に火を得る、夜の海に灯火を得る。熱の病を去るに小寒を経る如し。流牢人も本禄に還る。

小吉（雨のち晴れ　手がかりをつかむ）

〈恋愛運〉二人の間に小さな愛の灯が灯ります。お互い相手を見間違っていましたが、もうフラフラしないでしょう。

〈健康運〉回復を得ます。

〈財　運〉財の流出を留めることができそうです。

〈旅行運〉熱田神宮参拝が吉。

〈家族運〉小さな幸せは守られています。

〈仕事運〉災難が続いていましたが、ひと息つけそうです。窮地に手を差し伸べてくれた恩人に感謝を。

〈事業運〉混迷の中に、明るい兆し。新商品、新市場の発掘。有力な助言者や提携先が見つかります。

三つの数字 ❼❹❷ ❼❹❹ ❼❹❻ ❼❹❽

104番 すねせ（寿流寝）

寿の寝せは　スベヤマスミの　神祭れ　妻の操（みさお）も　妬（ねた）み拗（ねせ）れば

もはやスベヤマツミ神を祭っても手遅れかも知れない、妬みがこじれて妻の貞操も流されようとしている。

〈卦意〉 幸いが水に流れるを寝て知らず。受けとめる器（土）が無い。

大凶

（嵐の前の静けさ　浮気がこじれる）

〈恋愛運〉 浮気問題がこじれて二重不倫の波乱の危機。もはや修復は手遅れかも知れません。

〈健康運〉 心と肝に重疾患あり。

〈財　運〉 信用を失いかけていて危険です。

〈旅行運〉 大三島の大山祇神社、三嶋大社の参拝が吉。

〈家族運〉 奥方の怒りを解くことが肝要。

〈仕事運〉 虎の尾を踏んでしまったようです。礼を尽くして陳謝が必要。転職を考えるのは二の次。

〈事業運〉 好業績を他社にひがまれ、妨害を受けます。貢献した社員が、待遇に不満を噴出しかねません。

●語句解説

【スベヤマスミ神】ヤマサ神の第七。治山治水の神。夫婦愛を大切にする大山祇神が主管して祀った。→ P199

三つの数字 ❼❺❷ ❼❺❹ ❼❺❻ ❼❺❽

105番 すこけ （寿地転）「地鎮祭」

寿の転けは 咎めはあるし（主） 陰（メ）の転居（こけ）は ヲゴロ（土竜）祀りて 居（ゐ）をや換えらん

家中の不手際の責任は戸主にある。陰に傾いた家庭では、ヲゴロの神を祀って出直さなければならない。

〈卦意〉ひみつ「火水土」揃いて、欠けあり、円満ならず。居を元に転ずれば病治る。

小凶

（雨天に雷鳴とどろく　家を片付ける）

〈恋愛運〉家（仲）がまとまらない責任は戸主（男）にあります。すべての責任を自覚して、まず話し合いましょう。
〈健康運〉左手と足に注意。腹痛は検査を。
〈財　運〉仕切り直しが必要です。
〈旅行運〉筑波山と日光東照宮への旅が吉。
〈家族運〉まとまりに欠けています。
〈仕事運〉リーダーの独善、もしくは甘い見通しに問題があります。問題点をチームで点検しましょう。
〈事業運〉トップの事業設計にミスがあります。初期設定の見直しが必要。業界や官庁への説明に不足があります。

●語句解説
【オコロ】土竜、土公。モグラに付けられた神名。カグツチ（火神）とハニヤス（土神）の不祥の子神。→ P196

三つの数字 ⑦⑤❶　⑦⑤❸　⑦⑤❺　⑦⑤❼

106番　すおれ　（寿地折）

寿の折れは　穢れを咎む　身の病みも　ホツマに飽くる　逃げや畏れん

穢れを解かないと咎を得るし病も抱えることになる。秀真なる真っ当な道を敬遠するから穢れるのだ。

〈卦意〉 寿を受く器に穴あり。良知を欠くは蒙、蒙は病なす。紛れ者は北の流れに有る。自浄力を欠く。

中凶　（一日中雨　けじめを避けて事態が悪化）

〈恋愛運〉 自らの不倫にけじめをつけなければ上手くはいきません。たとえそれが不倫未遂であっても。

〈健康運〉 危惧していた病に襲われます。逃げてはダメ。

〈財　運〉 ペナルティーが科せられ散財します。

〈旅行運〉 三河国一宮砥鹿神社の奥宮参拝が吉。

〈家族運〉 父祖の庭訓を学び直しましょう。

〈仕事運〉 スレスレで許されると甘く考えていたことが裏目に出ます。正しい取引で、基礎を組み直すことが必要。

〈事業運〉 少々の法規違反や倫理欠如を必要悪とする社風が、社会的な悪評価をもたらします。

●語句解説

【ホツマ】→P202

三つの数字 ⑦⑥① ⑦⑥③ ⑦⑥⑤ ⑦⑥⑦

107番 すよろ (寿治喜)

「どんど焼き／粥占い／流鏑馬／当的板」

寿の喜(よろ)は 朮(をけ)のトントの 粥占(かゆうら)に 乗弓柱(のりゆみ) 歌う喜び

オケラを焚いてどんど焼きで粥占いに祈りを込める。流鏑馬では柱に当たり矢が貫くことを願い、楽しく歌う。

〈卦意〉吉祥。寿が器に満ち、恵み拡がる。「喜」は「祈」にあるを知り寿となす。

大吉

（快晴お出かけ日和　みんなで幸せをかみしめる）

〈恋愛運〉お祭りごとには家族や二人で参加して楽しみましょう。素朴な祈りの共有が大切です。

〈健康運〉心身爽快で身体も軽いでしょう。

〈財　運〉堅調です。大当たりで儲けることもあり。

〈旅行運〉流鏑馬神事を観光する旅が吉。近江八幡の賀茂神社。

〈家族運〉みんな幸せです。健康が第一番。

〈仕事運〉快調です。入念な準備の甲斐あって、ゲーム感覚で仕事を楽しめます。全員参加の気持ちで。

〈事業運〉社運好調。全社でキャンペーンを推進し、その収益を顧客還元、社会還元するとさらに良いでしょう。

●語句解説

【朮】キク科多年草。別称「瘧草」えやみ草。新芽は山菜として食用。根茎は健胃整腸剤の生薬。屠蘇散の材料。→ P204

【粥占い】粥を用いて１年の吉凶を占う。小正月に神に小豆粥を献ずる際によく行われる。天候や豊凶を占う。→ P197

【乗弓】流鏑馬神事のこと。乗馬して鏑矢で的を射つ。吉凶を占う神事が元。→ P201

【弓柱】流鏑馬神事で的を立てる柱。当たった的は、「当的板」として持ち帰ることができる。

三つの数字　❼❻❷　❼❻❹　❼❻❻　❼❻❽

108番　すその　（寿治園）

寿の園の　桃を賜る　西の母　扶桑（こゑ）（蚕得）楽しみの　深きことほぎ

桃を下賜された西の母は多いに喜び、コヱ国を手本に母国で養蚕を広めようと深く心に志をたてた。

〈卦意〉故郷を忘れない。園に寿は満つ。感謝を精勤につなげるべし。

中吉（一日中晴れ　情けは人のためならず）

〈恋愛運〉受け取る愛の深さをかみしめて、
その愛に報いるための貢献を常に意識しましょう。

〈健康運〉とても良好です。睡眠をしっかり取りましょう。

〈財　運〉遠方の取引で幸運あり。

〈旅行運〉白山や金沢への旅が吉。

〈家族運〉遠方の親戚と親睦を深めましょう。

〈仕事運〉主力ではない取引先への協力援助が、
大きな利益として還元されます。

〈事業運〉社業は堅調。取引先関係者、業界や地域社会への謝恩や還元は、
さらに社運を向上させます。

●語句解説

【西の母】トヨケ神を敬慕し、ココリ姫と義姉妹の契りを結んだ大陸からの女王、ウケステメ。→ P201

三つの数字 ❼❼❷ ❼❼❹ ❼❼❻ ❼❼❽

109番 すゆん （寿寿結）

寿の結は キ（岐）の打つ玉と ミ（美）の羽子と 交わい邪魔を 極む寿なり

イサナギの打つ玉とイサナミの弾く羽子板の音は拍子良く響きあい、邪魔のつけいる隙さえ与えない。

〈卦意〉響は孤に落ちず。相手の好調あっての自分の好調。不信は不調に転ずる。

大吉

（快晴 トントン拍子）

〈恋愛運〉二人の波動は美しく響き合っています。
邪魔をする者を寄せ付けない愛の絆です。

〈健康運〉健康長寿の相。リズムを大切に。

〈財　運〉さほど儲かるわけではありませんが、万全です。

〈旅行運〉筑波山神社、伊勢外宮、多賀大社参拝が吉。

〈家族運〉みんな仲良く一族長久に。

〈仕事運〉チームワークが良く絶好調。ただし業績が急上昇するわけではない。
リズムを保ちましょう。

〈事業運〉業績は好調。攻守のバランス良く、顧客の反応によく対応しています。
リズムを崩さないこと。

●語句解説

【邪魔】→P204

三つの数字　❼❼❶　❼❼❸　❼❼❺　❼❼❼

110番　すつる　（寿寿尽）「一陽来復」

寿の尽るの　一陽は霜（霜月）に　巡り来て　満つの願ひの　春や来ぬらん

旧暦霜月に冬至となり、一陽来復。季節は順調に巡って願いの春もやがてやって来るだろう。

〈卦意〉寿は尽きるを悟りて復た巡る。夏（好調時）に冬（不調時）の厳しさを省みれば良きを得る。

中吉（冷え込むが晴天　運が向いてくる）

〈恋愛運〉燃え上がる恋の季節を経て愛は実を結び、危機も乗り越えて、穏やかな春を迎えるでしょう。

〈健康運〉いよいよ本調子となり、気力が充実します。

〈財　運〉念願の叶う日が近いでしょう。あと少しです。

〈旅行運〉お遍路の旅や、観音霊場巡拝が吉。

〈家族運〉家内安全で、喜びの日が近いでしょう。

〈仕事運〉順調です。努力の甲斐が結ばれそうです。この時期の転職は不利。

〈事業運〉業績は堅調で、穏やかに推移します。先延ばしにせず、やるべきことを為せば、飛躍進展の好機が巡ります。

●語句解説

【霜月】旧暦で 11 月のこと。

三つの数字　❼❽❶　❼❽❸　❼❽❺　❼❽❼

111番　すゐさ　（寿止勇）

「山口祭＝神宮遷宮の事始め祭り／木本祭／心御柱の伐採神事」

寿の勇(いさ)は　伐り初めの樹を　中柱　神は赤白黄(かしき)の　幣(ゆう)に諫めて

宮を建てる建材の切り出しは、まず中柱を厳選して供物を供え、造営のつつがなきことを深く祈るのだ。

〈卦意〉木を伐るは命断つなれど祈り通じて寿を建つ。天意発動を俟つ。

小吉 **（晴れ　慎重に一歩踏み出す）**

〈恋愛運〉出逢う相手を「本命」と考えて、作法を踏んで、お付き合いを始めましょう。

〈健康運〉免疫力増強を図りましょう。日光浴が吉。

〈財　運〉最初が肝心です。よく見極めて。

〈旅行運〉諏訪大社と木曽路の旅が吉。

〈家族運〉良好です。お祝い事には参集を。

〈仕事運〉新しいステージが切り拓けます。あなたが待ち望んでいた分野へ参入できます。

〈事業運〉新規事業、新市場に着手する好機。ただし、顧客のニーズを念入りに調査すること。

●語句解説

【中柱】中隅柱、社殿の棟持ち柱。もしくは心御柱。天と地を結ぶ聖なる柱。中心柱。→P201

【赤白黄】→P197

三つの数字 ❼❽❷ ❼❽❹ ❼❽❻ ❼❽❽

112番 すなわ 㐀⊕夕（寿止和）

寿の和(なわ)の 生む魂の緒の 星（欲し）なれば 天(あめ)の祭りも 星や生むらん

嗣ぎ子を得たいと願うなら、夜空の星が魂の緒を結んでくれるように、天空の神々へと真心で祈れば叶う。

〈卦意〉魂は星に還り星は魂を生む。お伊勢参りに僥倖あり。七夕祭り。

大吉（快晴　夜空が綺麗　引継ぎが上手くいく）

〈恋愛運〉子宝を願うなら、空気の綺麗なところへ行き、二人で夜空に向かって、真心をこめて願いましょう。

〈健康運〉良好。懐妊の兆しも。背筋を伸ばして。

〈財　運〉欲しかった案件を入手します。

〈旅行運〉浅間神社巡拝、伊勢内宮子安神社が吉。

〈家族運〉家族が増えて幸せが増します。

〈仕事運〉順風満帆。取引先や潜在顧客への熱心なメッセージ発信が、良運を引き寄せます。

〈事業運〉後継者にバトンタッチする好機。あるいは、待望の後継者と出逢います。円満なM&Aもあり得ます。

●語句解説

【魂の緒】人の命を成り立たせる「魂タマ（精神）」と「魄シヰ（肉体）」を結び合わせるもの。→P200

三つの数字 ❽❶❷ ❽❶❹ ❽❶❻ ❽❶❽

113番 しやま　（止天山）

「風生祭／穂積祭／新穀祭」

止（し）の山は　田をウケモチの　八つ耳も　カゼウ・ホツミも　チカラ（収穫／稅）守（も）るなり

神田を守護するウケモチの神は八元神を招く。風生祭、穂積祭と厳粛に営めば、豊かな収穫を守護して下さる。

〈卦意〉上下通じて山と成る。節目ごとの浄めが肝要。専門家を育成する。

中吉（晴れたり曇ったり　確実に階段をのぼる）

〈恋愛運〉愛の成就には経済的基盤が必要です。仕事に真剣に向き合いましょう。

〈健康運〉良好です。松葉茶を飲んでみましょう。

〈財　運〉堅調です。計画通り、収益が上がります。

〈旅行運〉伏見稲荷大社への参拝が吉。

〈家族運〉節会やお祝い会を大切に。

〈仕事運〉統制がとれ、監督も行き届いて、業績は期待できます。サボる人には訓告を。

〈事業運〉原料の精査、生産過程の滞りの改善、在庫管理を入念にし、全社改革すれば業績がアップします。

●語句解説

【ウケモチ神】保食神。天神三代トヨクンヌの兄弟。農業大臣の要職を世襲した。尊称にイナル（稲荷）神。→ P195

【風祭】作物の暴風被害を厄除けする祭り。台風時期とされる二百十日前後に行うことが多い。旧暦８月１日頃。→ P197

【穂積】→ P202

三つの数字 ❽❶❶ ❽❶❸ ❽❶❺ ❽❶❼

114番 しはら 𛀁𛀂𛀃（止天原）「八一の五の卦　八瀬姫　27綾」

止の原は　神の伏見の　玉串を　網の目組み（大湖の恵み）の　都建つなり

神々へ伏して祈りを捧げた天湖（あみ／小椋湖）の地に神の恵みが垂れた、美しく整備された宮都が造つのだ。

〈卦意〉月を伏し見て潤いを得る。元の母体からの恵みを受ける。母なる琵琶湖を伏し見る宇治。

中吉

（一日中晴れ　母の愛に感謝する）

〈恋愛運〉二人で旧都を旅するといいでしょう。
風水の整った古の都が、愛を温めてくれるでしょう。

〈健康運〉良好です。軽い運動と深呼吸を欠かさずに。

〈財　運〉投資のマトリックスが良好です。

〈旅行運〉伏見宇治への旅、琵琶湖周遊が吉。

〈家族運〉諦めていた懐妊の知らせがあります。

〈仕事運〉信頼できる若手がいれば、抜擢して大役を任せてみましょう。
ただし側面からの援助を欠かさずに。

〈事業運〉新工場、新店舗、新販路、新商品を熟考して定め、
計画を上回る実績を上げます。

●語句解説

【たまくしおあみ】玉串（神への捧げ物）と「おあみ＝近江」を掛ける語句。→P200

三つの数字 ❽❷❶ ❽❷❸ ❽❷❺ ❽❷❼

115番 しきに 丹巾弁（止吹来）

「三風凝り（いいい）の相」

止の来(き)にの 斗矛(トホコ)に三つの 争ひも 豈(あに)が愚かに 肝や摘むらん

斗矛の権を奪い合う三つ巴の権力闘争は、なんとも愚かで民衆の肝を冷やす悲惨な結末をもたらすだろう。

〈卦意〉強風が互いに吹き重なる。天地も如何とも為し難し。失せ物は林に有り。

大凶

（大型のゆっくりした台風直撃　慌ててジタバタしたら不幸になる）

〈恋愛運〉その恋愛（あるいは離婚の親権争い）は、子供を不幸にします。立ち止まってよく考え直しましょう。

〈健康運〉肝腎に重疾患。早めの処置を。

〈財　運〉外圧に耐えきれないでしょう。

〈旅行運〉龍田大社と法隆寺巡りの旅が吉。

〈家族運〉いがみ合って話ができません。

〈仕事運〉逆風です。転職するなら早めに決断を。社内は、内部抗争で仕事どころではない状態。

〈事業運〉瓦解の凶相。顧客や社員を置き去りにした社内権力抗争が勃発します。中間派が暗躍。

●語句解説

【斗矛】イサナギ、イサナミのフタカミが定めた施政原理。大慈悲と武断。アマテル神が三種神器に発展させる。→ P200

三つの数字 ❽❷❷ ❽❷❹ ❽❷❻ ❽❷❽
116番 しちり 〔ヲシテ文字〕（止吹散）
「三風凝り（いいい）の相」「鹿島タチ 10綾」

止の散りの 誹り（そし）も 嘘と思い草 モノヌシ（物主）空（から）で モノや散るらん

讒言も嘘だと思いたかったが、（大物主の逸脱に）モノノベたちも統率を欠いて混乱している。

〈卦意〉成長期に悪風。早期の果断な対処を要す。病はやがて散るが失せ物は亡くなる。悪貨が良貨を駆逐。

大凶（大雨警報 信頼していた相手に裏切られる）

〈恋愛運〉浮気の噂は、信じたくないでしょうが本当です。子供たちも不安を抱えています。

〈健康運〉免疫機能が低下して、全身が不調です。

〈財　運〉逆風に持ちこたえられないでしょう。

〈旅行運〉遠出は禁物です。

〈家族運〉心がバラバラで、連絡も取れません。

〈仕事運〉急いで転職するか、じっと隠れて風が通り過ぎるのを待つしかなさそうです。

〈事業運〉大幹部が逸脱。信頼すべき重職に、反社的行為があります。影響が大きく、社内が混乱します。

●語句解説
【大物主】剣の大臣として大君を支える行政司法の最高責任者。軍事責任者でもある。オオナムチが初代。→P204

三つの数字　❽❸❷　❽❸❹　❽❸❻　❽❸❽

117番　しぬう（止富縫）

「新嘗祭＝冬至祭／一陽来復」

止に縫うは　陽回り（をまわり）供う（そなう）　御祭り（をんまつり）　小百合の胞衣（えな）の　神ぞ生みめる

陰の季節が過ぎ去り陽の巡りが始動する。その冬至る日に新嘗祭の大祭りを修し、甦りの命が降臨するのだ。

〈卦意〉百合玉（ゆりね）の胞衣に神を生む。誕生。弱きものへの加護。

小吉（晴れ　祝福されて新しい扉を開ける）

〈恋愛運〉潮目が変わり、明るい兆しがあります。新しい出逢い、あるいは待ち望んだ子宝の予兆かも。

〈健康運〉病からも立ち直る吉相。懐妊の兆しも。

〈財　運〉下降期から上昇期へと転換しそうです。

〈旅行運〉弥彦神社と八海山巡りの旅が吉。

〈家族運〉暖かな風が吹き始めます。

〈仕事運〉沈滞期から抜け出られそうです。新人スタッフが、新しい風を招き入れてくれるかも。

〈事業運〉新たなステージの始まり。動き出した新たな試みに、全力を挙げて取り組むべき時機です。

●語句解説

【御祭り／おおまつり】新嘗祭と同じ。明治６年の改暦より以前は、旧暦の 11 月の二の卯の日に行った。→ P204

【胞衣】→ p196

三つの数字 ❽❸❶ ❽❸❸ ❽❸❺ ❽❸❼

118番　しむく　丹 仐 山　（止富剝）

止の剝くは　亀も日月(日嗣ぎ)も　千代に芽の　輝く花の　頃や向くらん

長寿の亀にさえ寿命はあるが日月の巡りは限りない。今を大切にすれば輝く日が来る。

〈卦意〉月の恵みが火を興すに向く。耕す地（土）定めるを要す。病は危ういが快に向かう。

中吉（引き続き晴れ間が続く　光に満ちた道が見える）

〈恋愛運〉星の数ほど異性はいます。
必ずあなたを大切にする人と出逢うでしょう。

〈健康運〉良好です。暴飲暴食を避け長寿を得ます。

〈財　運〉長期にわたって利益を生む案件を得ます。

〈旅行運〉丹後籠神社、出雲の八重垣神社参拝が吉。

〈家族運〉一族長久で、家族円満。

〈仕事運〉好調が続きます。
日々新たな気持ちで、仕事に取り組みましょう。

〈事業運〉社運は堅調。ロングセラー商品、長期的有望市場に恵まれます。
地道な育成が肝要です。

三つの数字　❽❹❶　❽❹❸　❽❹❺　❽❹❼

119番　しえて　（止流得）

止を得ては　翁が綱に　気比（けゐ）（契／筍飯）の神　兄シラヒゲも　鉤（ち）得て和（やわ）なり

失ったものも誠意を尽くせば取り戻されて、わだかまりの元もなくなるであろう。

〈卦意〉不仲は断ち和を得る。雨降って地固まる。慈悲ある年長者に誓う。

小吉（雨のち曇り夕方には晴れ　やっかいごと解決）

〈恋愛運〉自分のミス、相手のミスがあっても、誠意があれば元の鞘に収まります。年長者の助言を大切に。

〈健康運〉血管、泌尿器疾患がありますが、快癒します。

〈財　運〉損失の危機がありますが、経験者の助言で助かります。

〈旅行運〉気比神社、白鬚神社、鹿児島神社が吉。

〈家族運〉兄弟げんかもおさまります。

〈仕事運〉いざこざがありましたが、経験者の取りなしで無事おさまり、仕事ははかどります。

〈事業運〉もめ事が解消します。有力な仲介者の助力があります。競合関係が友好関係に転換します。

●語句解説

【塩土翁】シホツチ・シホツツ・シホツツヲ。途方に暮れていた山幸彦（ウツキネ）の窮地を救う。→ P199

【気比神】ウツキネの贈り名。縁結びの神。ケヒは、契約、いきさつ、因縁、きっかけ、筍飯の意。→ P197

【シラヒゲ神】ニニキネの次男、サクラギ（海幸彦）。シラヒゲ草の薬効で長寿をもたらす。薬学を極める。→ P199

【海彦山彦】ニニキネの三息子のうち次男のサクラギ（海幸彦）と三男のウツキネ（山幸彦）の確執。→ P196

三つの数字
120番　しねせ　❽❹❷　❽❹❹　❽❹❻　❽❹❽

丹聿乏（止流寝）

止の寝せは　蝕(むしば)む葉々禍(ははか)　早枯れか　水(満つ)や恨みて　死ねせ編むらん

水害で稲が早枯れしようとしている。グズグズして対策をおろそかにしていた報いを受ける。

〈卦意〉水難、非業死の凶相。陰気は留まり人を悩ます。伸び盛りに水刺さる。

大凶

（長雨で陽が差さない　状況悪化に対策遅れ）

〈恋愛運〉燃え上がる季節にも、破局の種は植えられているものです。
水（酒）、蜜、密にくれぐれも注意を。

〈健康運〉心臓、血管障害で危篤に。

〈財　運〉対策の遅れで財を流出させます。

〈旅行運〉丹生川神社巡拝、六甲山への旅が吉。

〈家族運〉誰かを失う前に改心しましょう。

〈仕事運〉衰運です。転職するなら早めに行動すること。
不可抗力で進退行き詰まります。

〈事業運〉水難、不測の事態の予兆。成長分野が阻害されます。
早急な対策が必要。健康に注意。

三つの数字 ❽❺❷ ❽❺❹ ❽❺❻ ❽❺❽

121番 しこけ 丹 Ш 串（止地転）

「火渡り神事」

止の転けの 刃斗（はと）の魔（ま）化けて 喉や閉づ 斎火（ゆび）熱のふむ 炙（あみ）り治（た）を知れ

斗の教えを破る邪悪な者たちがはびこっている。聖なる火に晒して淘汰するほかはない。

〈卦意〉月は地に隠れ照らす火（日）立たず。風雲急を告げる。最後の審判。

大凶

（津波警報　逃げ切れるかが運の分かれ目）

〈恋愛運〉相手は残念ながらペテン師かもしれません。両親に紹介したいと言うと、逃げるでしょう。

〈健康運〉ウイルス性の内臓疾患で重体に。

〈財　運〉詐欺師に騙されています。

〈旅行運〉野洲の兵主神社、戸隠奥社、東国二社参拝が吉。

〈家族運〉誰かが何者かにかどわかされています

〈仕事運〉悪知恵を働かせる悪党によって妨害されます。逃げないで徹底的に戦いましょう。

〈事業運〉凶相。会社乗っ取り、集団訴訟、一方的な契約破棄、など外部からの攻撃に晒されます。

●語句解説

【はとのま】難語。不詳。

【あみりた】難語。41歌にもある。ヨガの修法に「喉を塞いでアミリータ（阿弥陀仏）を観相する」ものがある。

三つの数字　❽❺❶　❽❺❸　❽❺❺　❽❺❼

122番　しおれ　丹曰夬　（止地折）

「月蝕・日蝕」

止(月)の折れは　恵み表し　日(か)の折れは　茗荷(めが)を尽くして　天奥父母(あのくたら)なり

月（母）が欠けても（月蝕）、日（父）が欠けても（日蝕）、大いなる父と母は消えることなく見守り下さる。

〈卦意〉 日は隠れ月は折れる。予知して祭れば大過なし。淫欲を避くため茗荷を食す。

小吉（晴れ　両親の不在時にありがたみを実感）

〈恋愛運〉（あなたの場合）お互いの父母にはなるべく早く、そして繰り返し会う方が、上手くいきます。

〈健康運〉 ウイルス性の疾患は快癒します。

〈財　運〉 先行き不透明だった市場に、明るい兆しがあります。

〈旅行運〉 日蝕や月蝕の観測は避けましょう。星空観測は吉。

〈家族運〉 両親、祖先への孝行が吉。墓参りをしましょう。

〈仕事運〉 道は平坦ではないけれども、見えない力で守られて、順調に歩を進めることができます。

〈事業運〉 一時的な業務の停滞、営業の支障に見舞われますが、かねてからの危機対応策に従い、事なきを得ます。

●語句解説

【茗荷】生姜をヲガ（雄香）、茗荷をメガ（雌香）と称した。毒消し厄除けの呪力を持つとされた。→P204

【父母】→P200

三つの数字 ❽❻❶ ❽❻❸ ❽❻❺ ❽❻❼

123番 しよろ （止治喜）

「新盆祀り」

止の喜の 喪済みはゾロ（穀菜）の ひと巡り 真魚ゾロ編みて 万の神楽

四十八日祀りや歳巡忌（祥月命日）を済ませてもお盆には先祖祀りを忘れない。親族で舞いを奉納するのだ。

〈卦意〉ゾロ（穀／揃）を欠いては治まらず。

大吉（快晴　世話になった人達に感謝する）

〈恋愛運〉お盆には実家に集まって、親兄弟姉妹との睦み合い、親しみましょう。双方の実家に偏りないように。

〈健康運〉耳の不調、腎臓、大腸に注意。

〈財　運〉おおらかな気持ちで様子見をしましょう。

〈旅行運〉ご先祖さまの墓参り、椿大神社参拝が吉。

〈家族運〉盆暮れ彼岸の墓参りを欠かさずに。

〈仕事運〉仕事も大切ですが、家族も大切です。チームメンバーと家族愛を共有しましょう。

〈事業運〉不祥な事態も、全社一丸で乗り切ることができます。苦難の日々を心に刻み、殉職者を追悼すること。

＊写本は大凶だが、大吉の誤記と観る

●語句解説

【としめぐりのひ】故人の祥月命日。縄文時代には故人の身の丈の柱を依り代に祀りを捧げた。→ P200

【ゾロ】稲などの穀類。転じて実りや収穫、さらに転じて一年という周期をいう。安聡は「菩薩」と用字する。→ P199

【真魚（まな）】神に捧げる魚。お食い初めを「まな初め」「まなの祝い」とも称した。→ P203

三つの数字 ❽❻❷ ❽❻❹ ❽❻❻ ❽❻❽

124番 しその 丹母田（止治園）「中秋の名月」

止の園は 月の駒引く 忠実（豆や果）も 芋（妹）が恵みの 糧や熟らん

台風一過の後は収穫を待つのみ。お供え物を女性が月への祈りに捧げて穏やかに平穏を祈るのだ。

〈卦意〉月の徳は馬が田を耕す如し。月の恵み地に満つる。無名の恩恵に感謝する。

中吉（穏やかな一日夜空澄む　心を込めて感謝の祈り）

〈恋愛運〉家族や二人で、慎ましやかに、
中秋の名月に感謝の祈りを捧げましょう。

〈健康運〉壮健です。睡眠不足に注意。

〈財　運〉順調に利益を上げることができます。

〈旅行運〉フルーツ狩りや、芋掘り、援農ツアーも吉。

〈家族運〉みんな健康で、満ち足りています。

〈仕事運〉丁寧な仕事ぶりが、いよいよ評価されるでしょう。
協力者への感謝を忘れないように。

〈事業運〉いよいよ成果を得る日も近いです。ですが、前祝いで騒いだりせず、
全社引き締めて総仕上げを勧めましょう。

三つの数字　❽❼❷　❽❼❹　❽❼❻　❽❼❽

125番　しゅん　※（止寿結）

「21綾22綾」

止の結（ゆん）は　新屋（あらや）産屋の　襲われも　蟇目鏑矢（ひきめかぶら）の　止（しゅん）弓なすなり

新たに家を建てたり、産屋を建てたりする時には、あらかじめ弓を使った呪術で魔を防いでおくと良い。

〈卦意〉空神を弓に結う。転ばぬ先の杖。御守りは心と神をつなぐ窓。

小吉（晴れ時々にわか雨　先手を打っておく）

〈恋愛運〉幸せな二人にも、常に「魔が差す」危険があることを忘れないで、身を律しておきましょう。

〈健康運〉好調ですが、子宮や骨に注意。

〈財　運〉セキュリティチェックを再確認。

〈旅行運〉日吉大社、下鴨神社河合社への参拝が吉。

〈家族運〉戸締まりや防犯設備を確かめましょう。

〈仕事運〉祝いの席や、好調時にこそ「魔が差す」ことを知るべきです。注意を怠らないように。

〈事業運〉地鎮祭や安全祈願祭を厳かに営み、社業の運気を邪気から守護しておくことが大切です。

●語句解説

【蟇目鏑矢】妖魔を退散させるため音を鳴らす鏑矢（かぶらや）。産所でおこなう厄除け神事。→ P202

三つの数字 ❽❼❶ ❽❼❸ ❽❼❺ ❽❼❼

126番 しつる （止寿尽） 「875やなゐカクロヒ　ウツロヰ神」

止の尽(つ)るは　仕え尽くして　朔日(ついたち)の　月満つ頃の　恩頼(ふゆ)に合うなり

先の見えない闇夜のような時から信じて仕え尽くしていると、輝く満月の日々が訪れて恵みを得るだろう。

〈卦意〉月に仕えてツキを得る。陰徳（月）の雫が中に溜まり巡り潤す。

中吉（曇りのち晴れ　待ちに待った栄光）

〈恋愛運〉無の状態から耐え忍んで育んだ愛だから、必ず満ち足りた幸せにつながるのです。

〈健康運〉良好です。今の健康習慣を継続しましょう。

〈財　運〉長年温めていた案件が、実を結びます。

〈旅行運〉満月の日に温泉宿で月を愛でる旅が吉。

〈家族運〉小さな幸せが守られています。

〈仕事運〉長年の労苦が認められ実を結びます。影であなたを見守っていた人の存在に気づきます。

〈事業運〉長年に及ぶ誠実な奉仕が、大きな成果となります。業界表彰の栄誉に浴します。格付けが上がります。

●語句解説

【恩頼（ふゆ）】恩恵、恵み。ふゆを成す。天恩頼（あふゆ）。御霊のふゆ。天からの大悲。観音様の慈悲。→P202

三つの数字　❽❽❶　❽❽❸　❽❽❺　❽❽❼

127番　しゐさ　（止止勇）

「あしびき　5綾」

止の勇(いさ)は　妻の殯(もがり)を　御熊野(みくまの)の　神の諫めの　足ぞ曳きける

制止を無視して妻イサナミの殯斎場に立ち入った夫イサナギは、妻と神の諫めを受けて後悔して帰る。

〈卦意〉妻の諫め醜相なすを厭わず。未練を断つ。命がけの諫言。禊ぎを要す。

大凶

（グズグズの雨　未練を断ち切る）

〈恋愛運〉悲しいことですが、二人に別れが訪れるなら、（特に男は弱いので）、強く未練を断つべきなのです。

〈健康運〉心痛が重なります。免疫力が低下します。

〈財　運〉制止を振り切ったのは、あなたのミスです。

〈旅行運〉熊野路巡拝の旅が吉。産田神社と花の窟神社。

〈家族運〉悲しみにケリをつけましょう。

〈仕事運〉ミスの結果は、リーダーが引き受けざるを得ません。潔く身を退きましょう。

〈事業運〉撤退の機を逃して損失を被ります。旧経営者が介入して社内が乱れます。経営者家族が急逝します。

●語句解説

【殯（もがり）】回帰を意味する言葉。故人のご遺体を安置して「魂の緒解け（成仏）」を祈ること、その場所。→ P204

【御熊野】イサナミ神のこと。クマノは、隈野すなわち荒れ野。イサナミが開墾しようとした地を御熊野と敬称。→ P203

【あしびき】イサナギが亡妻の諫めに猛省しトボトボと帰還する話に因み、「山」に掛かる枕詞となる。→ P195

三つの数字 ❽❽❷ ❽❽❹ ❽❽❻ ❽❽❽

128番 しなわ 丹⊕夕（止止和）「七五三縄」

止和（しなわ）なる 万（よろ）の疑ひ 明（か）になして 願ひも満つる 神の〆縄

もろもろの迷いや疑いは晴れて、本望が叶う。すべては神々のお導きだ。

〈卦意〉月に祈りて星に願い叶う。〆縄は邪を遮り正を招く。万の疑い全て心中にあり。

大吉（曇りのち快晴　迷いが晴れて満たされる）

〈恋愛運〉もう迷いや疑いはありません。

目の前にある真実の愛を離さないように。

〈健康運〉気力充実。こんな時こそ一日断食を。

〈財　運〉満願の日が来ました。

〈旅行運〉二十二社巡りで、良運再来です。

〈家族運〉福徳円満、一族長久、良縁結実。

〈仕事運〉当初目標は、余裕で達成できます。

感謝の心と謙虚な姿勢で、次を目指しましょう。

〈事業運〉煩悩を滅却して事業に邁進し、飛躍円満を得ます。

中長期計画が達成します。

●語句解説

【〆縄】七五三縄のこと。魔除け結界の機能だけでなく、元は、聖所への導きのしるしの意味を含む。→P199

【間物　あいもの】
塩漬魚。四十物をアイモノと読むのは『間物の　魚は四十あり（略）スズ菜に消せよ』が語源（15 アヤ）。今日では、塩漬け干物の魚介類をまとめてアイモノと呼ぶ。

【青女若女　あおめわかめ】
宮中に仕える女官たちの呼称。青女の仕事を若女が補助する。セオリツ姫とワカ姫が、虫除け祓いを成就した話（1 アヤ）で、二姫と共に田んぼに並んでウタを詠み、扇をあおいだミソメ（30 人の侍女）も、彼女たちと同様の女官たちであったと思われる。

【アキニ歌】
ホツマツタヱ本文で、実際に占われたことが紹介される少ない例の一つ。20 アヤに「まうらふとまに　あきにとる　こちにひもとけ　つみのかる」と、このアキニ歌（3 番歌）が記述される。オシホミミ神のふたり息子の兄ホノアカリが、任地に天下りする際にフトマニで出た卦。

【あしびき】
イサナギが亡妻の諫めに猛省し、トボトボと帰還する話にちなみ、「山」に掛かる枕詞となる。足退き、足曳き。ただし、あしびきには、「葦引き」の意もあり、イサナギとイサナミが湖沼岸の葦を抜いて田畑を開墾していった「若き日の想い出」も含んでいる。

【目一神　あめまひ】
アマメヒトツ神・アメマヒとも称す。アマテル神の教えを守り、片目で鍛冶を行った。鍛冶集団の守護神ともされる。

【淡　あわ】
琵琶湖のこと。あわ海。アワは天地を意味する。イサナギ・イサナミ両神の、天地（あわ）の巡りの聖地。周辺地に古代都が変遷（多賀宮・瑞穂宮・シノ宮・ヤスカワ宮）した。山に囲まれた湖沼地は、縄文古代において最上級の環境適地であった。

【イナサ】
南東の風。台風がもたらす強風をさす。大雨の前兆といわれる。コチ（東風）が比較的優しい春の風であるのに対して、イナサは激しい秋の風。

【妹背　いもせ　いもをせ】
夫婦のこと。さらに略して「イセ」すなわち「伊勢」ともいう。伊勢の道は女男相和の道。アマテル大御神は、「スズカの道」とともに「イセの道」の重要性を説いた。男女がそれぞれを尊重し、お互いの欠けるところを補って睦み合うことを重んじた。

【イワナガ姫】
ニニキネの正后アシツ姫の義姉。妊娠中の妹の代わりと、母がニニキネにまみえさせるが、拒絶された。このことの恨み心にハヤコ（オロチ）が取り憑く。

【ウケモチ神】
保食神。天神三代トヨクンヌの兄弟。農業大臣の要職を世襲した。ウケモチの名称は、ヤマスミと同様に世襲名称の一種と考えられる。初代は、神上がり（逝去）の後、「イナルカミ（稲荷神）」の尊称を得て、「食と農を守護する神」として代々祭られた。初代ウケモチの八世の孫がカダマロであり、ハタレの乱に活躍する。

【ウツロヰ】
時空の「間」を司る神。人々に災いを為す障り神。丑寅の金神の元。東北の座に坐す。悪神だが、味方につけると鬼に金棒といわれる。ニニキネの新宮建造の際に妨害をして、アマテル神の叱責を受けたが、ニニキネが取りなした。その恩を受けて、ニニキネに忠誠を尽くした。

【海彦山彦　うみひこやまひこ】
ニニキネの三息子のうち、次男のサクラギ（海幸彦）と三男のウツキネ（山幸彦）。古事記や日本書紀にも伝承される、兄弟神の「いさかい」の話。老練な助言者の支援と女性陣の協力という要素が、「正直さ」の重要性とあわせて語られる物語。

【うわなり】
後から娶った妻のこと。後妻。死別や離別、不妊などの理由によった。

【胞衣　えな　ゑな】
胎児が生み出された後に排出された、胎盤・卵膜など。後産ともいう。胎児を包むものと母胎とをつなぐもの（臍帯）を総称する。縄文時代では、この胞衣を埋めて祀ることで、本人の健康と多幸とを祈った。アマテル大御神は、胞衣に包まれたまま産み落とされたと伝えられる。

【恵比寿　ヱビス　ヱミス】
クシヒコのこと。オホナムチの長男、アマテルの孫。事代主神。大国主も（ホツマ伝承では）同人物。タカマからの検非違使の派遣に対しても、泰然自若に笑顔で過ごしたので、その名がついた。フトマニ編纂以降のことだが、神武天皇がツミハヤヱ事代主に「ヱミス神」の称え名を賜った。

【オオナムチ】
大己貴。ソサノヲとイナダ姫の第五子クシキネ。初代大物主。アマテルの娘婿。豪快な人物で、経営才覚があり、モノベ（役人達）や民にも恵み、親しまれたが、成功栄華を極めて増長し、おごり高ぶるところがあった。結果、中央政府の指弾を受け、息子クシヒコの諫言を入れて、領地を手放し、ヒスミ国（津軽地方）へと替え国（左遷）される。けれども、津軽の地でも再起して国造りに励み、晩年まで朝廷の長老格として遇された。

【オコヌシ】
大国主。ヲヲコヌシ、ヲヲクヌカミ等とも。クシヒコの尊称。オホナムチとタケコの第一子で、アマテル大御神やソサノヲの孫。初代の事代主であり、二代目大物主となる。ヲコヌシ（大国主）とは、大地を治める者という意味で、「宮造り法」や「地鎮祭（ハニマツリの法）」を定めたクシヒコに対して、ニニキネが与えた称号である。

【おころ】
土竜、土公。モグラに付けられた神名。カグツチ（火神）とハニヤス（土神）の不祥の子神。土中に棲み、炎を吐くとされる。ニニキネに「オコロカミ」という尊名を賜り、後には宮の守護神となる。季節によって居所を替えて、竈や門や井戸などの土地の穢れを祓うとされる。

【オロチ】
愚かな霊、愚かな蛇。我執が凝り固まって化けた魔物。モチコ、ハヤコの姉妹が「ふたオロチ」となる。嫉妬や怨恨、ねたみやうらみの悪感情が凝り固まって、正常な神経を麻痺させ、見た目さえも大蛇の如く化け物と化した存在をいう。

【鏡　かがみ】
三種神器（ミクサタカラ）のひとつで「八咫鏡」をいう。タカマの審議を司る鏡の臣が奉戴する。イサナギ·イサナミの両神の治政では「斗と矛」で治めていたが、アマテル大御神が、矛を剣に代えて、鏡をさらに加えて三種とした。施政者の「自省、自制」を強調するためと、臣や民が鏡を拝むことによって、自ら目覚める、自ら身を糺す、自ら学び教える、という道徳感情を喚起させようとしたからだと考えられる。

【鏡大臣　かがみをみ】
三種神器（ミクサタカラ）の鏡を司る大臣。左大臣を鏡の臣とし、右大臣を剣の臣としてスメラギ（大君）の両翼に侍らせて統治する体制を、アマテル大御神は大原則として定めた。

鏡の臣は、祭祀と最高立法府の働きを担う。「八咫鏡」を神器とし、天地の巡りを調えて、民の暮らしを常に見守り教導し、為すべき施策を考究した。

剣の臣は、行政・軍事と司法の働きを担う。「八重垣剣」を神器とし、反逆につながりかねない動きを未然に察知して矯正し、掟破りに対しては制裁を加えた。剣の臣には、「オオモノヌシ／大物主」という、世襲役職名がある。

【神楽獅子　かぐらしし】
カグラオノコ・カグラシシ。カグラは舞うこと。愚か獣を飼い慣らす（制御する）型を舞う。今の「獅子舞」につながる。猿田彦神と天ウズメ神が、始祖と伝わる。

【赤白黄　かしき】
あか･しろ･きの織物や、紙の御幣（みてぐら／お供え物）のこと。錦（にしき）は、元々は「丹･白･黄」であったと考えられる。「かしこき／畏き」の形容詞と裏表の関係があると思われる。

【風生祭　かぜう】
作物の暴風被害を厄除けする祭り。台風時期とされる二百十日前後に行うことが多い。旧暦８月１日頃（八朔）。富山市八尾のおわら風の盆が有名。風上に向けて、屋根や竹竿の先等に鎌を立てる「風切り鎌」の風習も地方に残る。害虫を祓う「扇祭り」もカゼフ祭りといい、これは初夏に行う。

【かも】
カ（上）とモ（下）。上層上流と下層下流。隔たり無く恵み包む時につかう。賀茂、鴨、加茂などの用字の元の意味。

【粥占　かゆうら】
粥を用いて１年の吉凶を占う。小正月（1/15）に神に小豆粥を献ずる際によく行われ、天候や豊凶を占う。煮え上がった粥に棒を入れてかき混ぜ、棒に付いた粒の数で占ったり、竹や笹の管を入れて炊いて、管の中の様子で判断する等がある。

【神楽　かんくら　かくら】
回り、舞う所作を主とする、神に捧げる舞踊。猿田彦神と天ウズメ命神が、その最初の型を作ったとされる。「シシマヒ」（獅子舞）は、そのひとつで、獣（猿）を舞わせたもの。猿田彦の名前も「猿を治す」を掛けている。

【キツヲサネ】
東（キ）西（ツ）中（ヲ）南（サ）北（ネ）。縄文時代の方位の呼称。キ（来）ツ（尽）ヲ（治）サ（栄）ネ（寝）の卦意を持つとされる。東（タ神）西（カ神）南（ト神）北（ヱ神）と、八元神では当てられている。

【九曜　くよう】
天御祖「太一」を中心として「トホカミヱヒタメ」八元神（天元神）が囲む。北極星を中心に、八つの星が守護して取り巻くイメージ。フトマニ図における中心の「あうわ」と、その周りの八元神。時空を司る大宇宙の守護神の陣営。吉祥紋として家紋に採用する氏族もある。

【気比神　けゐかみ】
ウツキネ（ニニキネの三つ子の三男／ヒコホオテミ）の贈り名。縁結びの神。ケヒは、契約、いきさつ、因縁、きっかけ、笥飯の意という説もあり。気比神宮の祭神。

【古今和歌集仮名序　こきんわかしゅうかなじょ】
我が国最初の勅撰和歌集とされる古今和歌集には、紀貫之による「仮名序」が付されているが、その中に「フトマニに掲載の歌」を本歌取りした歌が四首ある。理想とする歌のモデルを説明するくだりで紹介されている。理想の歌にしては難解だったのだが、その裏にはフトマニの卦意が隠されていた。

【東風　こち】
東から吹く風。春の風。

【琴　こと】
和琴（やまとこと）。イサナギが三弦琴を創作し、後にそれが五弦琴に発展し、アマテルが六弦琴を完成させた（9 アヤ）。魔物を厄払いする霊力をもつとされ、戦時にも平和時にも奏でられた。

【事代主　ことしろぬし】
ソサノヲの孫のクシヒコ。（ソサノヲ→オホナムチ（クシキネ）→クシヒコ）大物主（職）の副官。忠節を貫き、三輪山に禅定（即身成仏）した。事代主の役職名は、クシヒコ以降も世襲されていく。

【563 の卦】
猿田彦神が、元の鏡大臣であった春日神（アマノコヤネ）の臨終に際して占った時の卦。ホツマツタヱの原文において、「フトマニ」の卦が三つの数字で引き出されたことが記述される、重要なくだり（28 アヤ）。猿田彦はこの卦を引き出して異変を察知し、アマノコヤネの葬儀に間に合うべく駆けだした。

【コヱ国】
狭義に絹織物の盛んな国、琵琶湖（近江）から遠江まで。広義に恩恵の巡る国、日本国、扶桑国。狭義コヱ国の開拓者は、大国主クシヒコの後を嗣ぐコモリ神。コモリ神は、父の偉業を称え、また「ヲコ」が「蚕（かいこ）」に通じるので「ヲコタマ」神を祀り、蚕の里を広げていった。

【サコクシロ　精奇城】
天上にあっては、天御祖神と八元神（トホカミヱヒタメ各神）をはじめ、四十九神が坐すところ。地上にあってはアマテル神の坐す伊勢の地。「ウチサコクシロ」と表現する時もある。宇治の地名表記は、ここに由来する。

【猿田彦神　さるたひこかみ】
ニニキネの全国行幸を先導した、導きと開拓の神。ケモノを飼い慣らした舞いで厄除けをした。ニニキネを助け、アマテル大御神からの絶大なる信頼を得て、トヨケ神ハアマテル神の奥津城の「洞を掘る」大役を果たした長寿の神。開拓、導き、忠実、翁の知恵、鍛冶、神楽、獅子舞、秘儀、禊ぎ、長寿、伝承、夫婦円満などの寓意を持つ御神格。

【サヲシカ】
天君（スメラギ）が各地に派遣する勅使。アマテル大御神は譲位後も専任のサヲシカを駆使した。ミコトノリ（御言宣り）をそのまま伝える。斗（ト）の教え、妹背（イセ）の教えを諭す役割を果たす。伊勢御師や富士御師の源流となる。

【三十二音歌】
祓いのウタ（魔除けの歌）は 32 音。フトマニに二首の 32 音歌が詠まれている。ホツマによると三十一音は一年三百六十五日を四季で分けてそれを三分する数に由来するが、太陽と月の陰陽のズレが生じるため、その間を祓うために三十二音を使うと説明される（1 アヤ）。

語句解説

【塩土翁　しおつち】
シホツチ·シホツツ·シホツツヲ、などと表記される異色の人物。古事記では塩椎神、日本書紀では塩土老翁、塩筒老翁と表記される。猿田彦神などと同様に、「長老」として遇される人物。途方に暮れていた山幸彦（ウツキネ）の窮地を救う。

【シナト】
風の神。級長戸辺神。シナトベカミ。自然災害から衣食住を守護する八つの神（ヤマサ神）の第二神。シナト祭りは、今の風祭りのことで、台風が頻発する二百十日頃（9月1日頃）や、二百二十日頃に行われる風鎮めの行事。

【〆縄　しめなわ】
七五三縄のこと。魔除け結界の機能だけでなく、元は、聖所への導きのしるしの意味を含む。現在の「注連飾り」は、歳神を招く目印ともいわれるが、これも「導きのシメナワ」の一種と考えることができる。フトマニも、大難を小難に、小難を無難にと厄除けし、また転じて招福を導き、確実にするための知恵として読み解くためにある。

【白鬚神　しらひげかみ】
ニニキネの次男、サクラギ（海幸彦）。スセリともいう。シラヒゲ草の薬効で長寿をもたらす。薬学を極める。海彦山彦物語の海彦。琵琶湖高島の、白鬚神社の隠された祭神。

【シラヒト・コクミ】
ふたりの個人名。白人と胡久美（「大祓詞」の表記）。二人ともネ国の高官に取り立てられたが､悪行を為す。ホツマツタヱ伝承の中では､「悪党」「不倫腐敗」の代名詞であり､「スズクラ」のなれの果てと認識（7アヤ）されている。ハタレの乱を引き起こす首謀者。

【菅原道真　すがわらのみちざね】
アキニ歌は、菅原道真によって本歌取りされている。太宰府に左遷された際に詠んだ歌「東風吹かば にほひおこせよ 梅の花 主なしとて 春を忘るな」が、それ。冤罪は許され、誠意が伝わり願いの春が来る、との歌意を道真公は詠み込んだと思われる。

【杉　すぎ】
直ぐな木、のびのびと素直な木として、「杉」がそう呼ばれていた。一方で、「松」は、曲がる木、頑なな木として位置づけられていた面がある。

【鈴明　すずか】
鈴明。我欲（ホシ）を去って昇華した精神の有り様をいう。世のため人のために仕える心のありかた。逆はスズクラ。モノを捨てて乏しくなることをいうのではなく、自分のために必要な財物以上を抱え込む、貯め込むことをいう。分を越えた待遇を望むことも、我欲（ホシ）とみる。

【すへやますみ・スベヤマズミの神】
ヤマサ神の第七。治山治水の神。夫婦愛を大切にする大山祇神(オオヤマズミ·オオヤマヅミ)が主管して祭った。樹木が茂る山は、保水力があり水害を防ぎ、また渇水の際には拠り所とされた。

【ゾロ】
稲などの穀類。栄え、繁るもの、豊かな様をいう。実りや、成果を表現する場合もある。畑になる野菜は「ナロナ」。また、転じて、一巡りや、一年という期間を指す場合もある。

【高天原　たかま　あまのはら】
天上界にあっては守護神陣の中心、地上にあっては政治（まつりごと）の中心。中央政庁。また、中央政庁において重役たちが審議をする議会そのものも「タカマ」と称した。

【橘と桜　たちばな　さくら】
タカマでは、橘と桜を植えて国情を観察していたと、ホツマは伝える。南殿（政庁殿）に橘を植え政情を感知し、東殿（内宮）に桜を植えて大奥の平安を感知した（6アヤ）。後世にはこれが訛伝されて、禁裏の「右近の橘　左近の桜」となったと考えられる。

【玉　たま】
三種神器（ミクサタカラ）の一つ。斗（ト）の教えの象徴。大慈悲、「叡智ある恵み」を表す。斗の教えとは、歴代皇君（スメラギ）が文書化して後代に伝えた「慈愛ある道義政治の心得」であり、民を安んずるために君は如何にあるべきかを語っている。その「大御心」の象徴が「玉」。「ヤサカニのマカリタマ」ともいう。

【玉串　たまくし】
神への捧げ物として、ユウ（麻）や紙を結びつけた神聖葉のこと。榊（サカキ）や松の小枝が使われた。

【魂の緒　たまのを】
人の命を成り立たせる「魂タマ（精神）」と「魄シヰ（肉体）」を結び合わせるもの。タマノヲは、その結合部分、あるいは結合そのものをいう。霊の結。「こころ。精髄。精魂」などの意味にも使う。人は、通常の死を迎えるとタマノヲが解けて、天と地に分かれていく。

【父母　たら】
ヲシテ（ホツマ文字）で書くと「[illegible]」、陰陽の関係となっていることがわかる。垂乳根と書いて母親を意味したり、「たらちめ」「たらちお」などと書き分ける表記が後世にはあるが、ホツマでは「たら」で「父母」。また、「たらちね」とは「垂霊（血）根」であり、血と霊脈とを受け継いだ子にとっての「父母」である。

【税　ちから】
税としての稲作物、あるいは収穫そのもの、または、献上品をいう。

【ツウジ】
中央政庁（タカマ）から任命された地方監督官、行政官。一国の「ツウジ」は「国造（クニツコ）」。一県の行政官は「県主（アガタヌシ）」。ヨコベと呼ばれる監査官、視察官とともに地方行政を司る。ツウジやヨコベ達も中央政府役人らと合わせて「モノベ・モノノベ」と総称され、オオモノヌシが総監する。

【剣　つるぎ】
三種神器（ミクサタカラ）「玉・鏡・剣」のひとつ。八重垣剣が正式名称と思われる。敵や魔物を寄せつけない自衛の霊器であるとともに、正邪を分別し、斬り綻ばす霊器でもある。右の臣たるオオモノヌシ（大物主）が奉戴した。

【戸隠　とがくし】
タチカラヲのこと。アマテル神の姉ワカ姫とオモイカネの子。アマテルが隠れていた岩戸を除去した、岩戸隠れの功績で「戸隠」と呼ばれた。加えて、オロチ退治により「咎（とが）隠し（消し）」の意味も込められるようになる。

【としめぐるひ】
故人の祥月命日。縄文時代には、故人の身の丈の柱を依り代にして、祀りを捧げた。現在の忌日、命日、回忌の起源。身の丈の柱を「ミタケバシラ」「ミハシラギ」と呼ぶ。心御柱も同じ。

【斗矛　とほこ】
イサナギ、イサナミのフタカミが定めた施政原理。大慈悲と武断。法と刑。教えと裁き。アマテル神が「矛」を剣に代え、「鏡」を加えて三種神器に発展させる。「斗矛の道」という表現が、ミカサフミ序にある。

【斗の教え　とのしえ】
トヨケ神の薫陶を得たフタカミが道義政治の根幹に据え、アマテルが確立した治政原理とその文書。統治の心得を記した「天なるフミ」という書き置きであり、「天なる道／斗の教え／トコヨの道」を説いた、歴代天神の秘伝書をいう。「大御心（オオミココロ）」として、今に伝わる皇君（スメラギ）の道を説く教えと理解できる。

【中柱　なかはしら】
中隅柱、社殿の棟持ち柱。もしくは心御柱。天と地を結ぶ聖なる柱。中心柱。中軸にあって四方を治める君を象徴する。天地を結ぶ中串となる。

天(あ)と地(わ)を結ぶ渦巻きを象(かたど)る聖なる中心軸。万物の巡りの芯。ホツマツタヱの宇宙観では､「すべてが和らぎととのった」時に、（目には見えなかった）中柱が出現し、天地が和合し、命が甦ると考えられていた。中心の柱をしっかり立てることが大切。

【鳴る神　なるかみ】
雷神のこと。その本体はウツロヰ神であると、ホツマ時代は認識していた。火山噴火や地震とも関係があると受け取られ、天意の怒りを象徴すると思われていた。

【西の母　にしのはは】
トヨケ神を敬慕し、ココリ姫と義姉妹の契りを結んだ大陸からの女王、ウケステメ。クロソノツメルの母。中国で古く信仰された女仙「西王母」であるとしたら、トヨケ神は伝説の仙人「東王父」（東の海の蓬莱山に棲む）であることになる。

【法　のり】
法律、規則、掟のたぐいを「のり」と総称する。また、作法、手順のような意味も「のり」で表現していた。宣り（のり）と語意に共通性があると思われ､公に宣言されたり､規範として踏襲されているものをいう。「教え」は、「のり」の奥にある考え方や哲学をいう。

【乗弓　のりゆみ】
流鏑馬神事のこと。乗馬して鏑矢で的を射る。吉凶を占う神事が元。流鏑馬神事は、欽明天皇が宇佐で祈願したとか、日本書紀に天武９年の記事にあるとかされるが、ホツマの縄文時代に起源を持つもの。

【ハタレ】
天朝を脅かした反乱勢力。六つのハタレがアマテル神を悩ました。ハタレとは、心のねじ曲がった者、集団を総称し、欲望や嫉妬に執着して攻撃的になった者、またその集団、徒党をいう。人間であるけれども、人間の心を失い、邪霊や、獣霊が取り憑いた者という見方を当時はしていたようだ。

【ハヤコ】
アマテル大御神の十二妃のひとり。アマテル神との間に宗像三女神を産む。しかしソサノヲに不倫愛を抱き、嫉妬の魔物と化す。後に姉のモチコとともに、ふたオロチとなる。八岐大蛇はハヤコの変化（へんげ）した化け物。ソサノヲによって成敗され、後に懇ろに慰霊される。

【ハラミの宮】
アマテル神が富士山麓に拓き、ニニキネが引き継いだサカオリの宮。富士山の古称ハラミ山に拠る。もともとは現在の「御坂みち」南北にある河口湖周辺か、笛吹川流域（縄文時代は湖沼地帯だった）に拓かれたとみられる。火山噴火の影響もあり、富士山裾野周辺をその後何度か遷っている。

【蓬莱山　はらみやま】
富士山のホツマ時代の名称。アマテル大御神が食したという長寿の霊草「ハホ菜・ラハ菜・ミ草」（蓬莱参）が自生していたという。「孕む」の語意を持ち、万物の根源であり、命の中心地であるとされる。トの八皇子の故地であり、アマテルやニニキネが裾野に都を開いた。徐福はこの山を目指して、日本にやってきた。

【蟇目鏑矢　ひきめ・かぶら】
妖魔を退散のために音を鳴らす鏑矢（かぶらや）。産所でおこなう厄除け神事。紡錘形の木製矢じり（形がヒキガエルの目に似ているとも）を空洞に作り、飛ばすと音が出る。陰（メ）を退かせるので、ヒキメ。

【常陸帯　ひたちおび】
妊婦が、流産を避けるために腹に巻いた聖なる帯。今でいう岩田帯。父（夫）の身長に長さを合わせて織るという（16 アヤ）。母と子の呼吸数を調整し、災いから母子を守護する役割があるとされる。

【ひらべ】
平皿の土器。お供え物を載せる皿。神聖な土を採取して焼き上げることで霊力を発揮するとされ、神武天皇の東征の時には、カグヤマ（聖なる治政の山）の土を苦心して採取して、必勝を祈願した。

【領巾　ひれ】
領巾（ヒレ）は、縄文時代に厄除けの呪力を持つとされた、細長い布をいう。矛や鏡にも付けた。アマテル大御神がテルヒコ（ホノアカリ）に授けた十種宝（トクサタカラ）には、「オロチヒレ」「ハハチシムヒレ」「コノハヒレ」の三種の「領巾」があった。頭巾も「ひれ」の一種である。

【恩頼　ふゆ】
恩恵、恵み。「ふゆを成す」「天恩頼（あふゆ）」「御霊のふゆ」などと使われる。天からの大悲、つまりアメノミヲヤ神（天御祖神）の大いなる恵みをいう。仏教伝来以降は観音様の慈悲が、その表現とされた。

【ヘゾ女ヨト女】
山幸彦（ウツキネ）を助けた海女たちの名。浜地の海女と磯地の海女。「ヘゾ女」は写本によっては「エゾ女」と表記されているが、「ヱ」ゾではなく西国での話なので、蝦夷との関連はないと考える（筆者）。

【矛　ほこ】
矛。剣と同じで、破邪の権を象徴する。イサナギとイサナミの両神は「トホコ＝斗矛」の原理で治政を為した。斗とは文書化された「仁政の心得」文書であり、矛とは、まつろわぬ者どもを綻ばす成敗武具である。すなわち斗は「仁」であり、矛は「勇」である。アマテル大御神が「矛」を「剣」に換えて、さらに「鏡」を加えた。

【欲し　ほし】
我欲。我執。欲望。タマ（精神）とシヰ（肉体）からなる人間の「シヰ」が持つ積極的な要素が過度に発揮されてむさぼるもの。物欲、財欲、名誉欲、肉欲など。アマテル大御神は「スズカ」を唱え、「ホシを去る」ことの重要性を訴えた。

【ホツマ】
「まさに秀でた真」を意味する。国の名前。太古においては、琵琶湖周辺のナカツクニと常磐東北地方のヒタカミクニの中間にあるホツマクニであり、ナカツクニから観た「東の国」であった。アマテル大御神の治政とニニキネ神による治政がこの地を中心として泰平に治められたので、「古き理想の国」の呼称となる。

【穂積祭　ホツミ】
収穫祭。アメタネコ（コヤネの孫）が、トヨの国で「カセフの祭り」によって稲の凶作を防いだことに始まる。このような厄除け祓いを「ナオリノハラヒ」という。孝安天皇と垂仁天皇は、自らカセフの祭りを行い、「ホツミの祭り」を奉じた。

語句解説

【真賢木　まさかき】
タカマで時を刻むために使用した聖木。鈴の木。枝は1年に半寸伸び（これを「1穂」とする）、60年で3尺となり、同時に新たな枝が生える。六万暦年で花咲き乱れ枯れるとされ、これを「サクスズ」という。従って真賢木の枝の数と長さを見れば、時間の経過がわかるという。鈴暦（ホツマ暦）の基となった。

【政事　まつり　まつりこと】
「マツリ」には、祭典、祭祀、政治の意味が含まれるが、「マツリコト」は、ほぼ、政治、統治、施政の意味に限定されて使われている。

【真魚　まな】
お供物に捧げる魚をいう。お食い初めを「まな初め」「まなの祝い」とも称した。

【豆と柊　まめ　ひいらぎ】
節分の行事、鬼やらいに供える神饌。豆まきの豆。「マ＝魔、曲、間」を「メ＝弱める、裏返す」霊力を「マメ＝豆」に期待した。柊には、葉の形状から「魔を寄せ付けない霊力」を願った。

【三種神器　みくさたから】
三種神器を「ミクサタカラ」と読む。アマテル大御神の定めた徳治大原則の「三憲法」である「斗の教え」「ヤタの教え」「ヤヱガキの教え」の三つを象徴する玉器、鏡器、剣器をいう。正統なる皇位継承の証として先代から譲られるものであり、宮中の内つ宮に保管されていた。鏡器は「ヤタの鏡」、剣器は「八重垣の剣」であり、玉器は「ヤサカニのマカルタマ／マカリタマ」と称される。

玉器が象徴するものは、実物としては、統治の心得を記した「天なるフミ」という書き置きであり、「天なる道／斗の教え／トコヨの道」を説いた歴代天神の秘伝書である。

フタカミが定めた斗矛の、矛をアマテル神が剣に替えて鏡を加えたものが三種神器であり、道義政治三原則を表す。

【御熊野　みくまの】
イサナミ神のこと。クマノは、隈野すなわち荒れ野。イサナミが開墾しようとした地を御熊野と敬称し、地名にもなる。アマテル大御神の子であるクマノクスヒが祭る。

【禊ぎ　みそぎ】
禊ぎ。心身のケガレを洗い流しそぎ取ること。浜、川、滝で水行して、心身を洗うことを云う。アマテル大御神ご自身も二見ヶ浦での禊ぎを恒例としていた（15アヤ）。天界の神示を得ることを念じて、禊ぎをすることもある。和歌は心のミソギ（5アヤ）とも伝える。

【三つ葉四つ葉　みつばよつば】
富士山（古名ハラミヤマ）に自生する長寿の霊草をいう。民の平安と長寿の隠喩としても使われる。古今和歌集仮名序に「さきくさの　みつばよつばに　とのづくりせり」というくだりがあり、「フトマニ」を本歌取りしている。通説では「壮麗な殿舎が幾棟も立ち並んでいること」との解釈あり。

【美保の釣り　みほのつり】
父親のオホナムチがタカマ（朝廷）の査問を受けている際に、息子のクシヒコは、美保の浜でのんびり釣りをしていた。もはや逃げ隠れや言い逃れはできない立場にあり、従順にタカマの意向に従うべきとの認識を父親に伝えるための行動だった。

【むべ】
郁子とか野木瓜と漢字表記する、アケビ科の常緑つる性低木。茎や葉に薬効がある。古来、不老長寿の霊果とされる。「むべなる」は、「もっともであると同意する」ことをいうが、ホツマに用例はない。「むべによし」の用例が、23アヤにある。

【雌芽　雄芽　めが　をが】
生姜をヲガ（雄香）、茗荷をメガ（雌香）と呼称した。ともに、毒落としや厄除けの効果を持つ。

【茗荷　めが】
「陰」の「香／芽」の意か。その形状が、フトマニ図中心の「あうわ」の「う」に似ており、群生することから子宝のモノザネなのか。ヲガ（生姜）とともに、厄除け草とされる。

【殯　もがり】
古代に行われていた葬送の儀礼。回帰を意味する言葉。故人のご遺体を安置して「魂の緒解け（成仏）」を祈ること、その場所。遺体を納棺して仮置きし、偲ぶ。四十八夜にわたり柩を祀ることを「ヨソヤマツリ」という。モガリ明けが、四十九日。イサナギは、制止を振り切って亡くなったイサナミのモガリ宮に入り込んだ。貴人のモガリには「モガリ宮」を建てるが、ヤマトタケのモガリには、それを「オオマ殿」と称した。

【裳裾　もすそ】
アマテル大御神が大悟した、道義政治の大切な原理。下々（民衆）の痛みを、自らの手足の傷のように感じ取ること。伊勢内宮の五十鈴川を「みもすそ川」とも呼ぶのは、この「裳裾」から由来する。

【大物主　ものぬし　おおものぬし】
スメラギ（大君）を支える左右の臣（最高官）のうち、右の臣を「剣の臣」と称し、「オオモノヌシ／大物主」と呼ぶ。軍事責任者でもある。オホナモチが初代。大物主の副官が「コトシロヌシ／事代主」。大物主は、軍事、行政、司法を一手に握る大きな力を持つが、その采配は、常に文書化された「ノリ（法）」に制限される。「ノリ」との照らし合わせは、タカマ（中央政府の合議）によって審議されていた。

【やまと】
弥真斗、まさに大いなる誠の斗（ト）。斗の教えが体現された国としてある、日本国の古美称。「やまと」は、ホツマツタヱの中で「山麓」の意味で使われる場合もあるが、国名を表すことが基本。「ヒノモトヤマト」が、正式なる国名であると解釈できるくだりが、23 アヤにある。

【ヨコシ・ヨコベ】
監査官、視察官をいう。統治官「ツウジ」を補助して、中央政庁との連絡役を務める。ツウジが経糸であり、ヨコベが横糸としての機能を果たす。政情不安や汚職を事前察知して対処する。ヨコシには脾臓の意味もある。免疫機能を承知していたのかも知れない。

【邪魔　よこま】
民の暮らしを脅かす存在や力を「よこま」と呼んだ。獣害も、自然災害も、呪詛も、「よこま」である。向こうからやって来る禍々しいモノ。ただし、当方が絶対善で他方が絶対悪という見立てを、ホツマでは持たない。こちらに隙、垢、があるから、「よこま」を寄せてしまうと考える。

【雄芽　をが】
生姜をヲガ（雄香）、茗荷をメガ（雌香）と呼称した。ともに毒落としや厄除けの効果を持つ。

【朮　をけ】
キク科多年草。別称「瘧草」。えやみ草。新芽は山菜として食用。根茎は健胃整腸剤の生薬。屠蘇散の材料。京都の八坂神社では、元旦早朝に一年の安泰を祈る神事として「白朮祭」が行われ、朮の根を焚き上げる。参拝者はそれを持ち帰り、雑煮を作る火種とする風習があった。

【御祭　をんまつり】
新嘗祭と同じ。明治６年の改暦より以前は、旧暦の 11 月の二の卯の日に行った。つまり、冬至(ふゆいたるひ)の頃だった。現在の「伊勢おおまつり」は、（平成以前は）神嘗祭の日程に合わせて行われていた。神嘗祭は、アマテル大御神の「年巡り日（祥月命日）」に由来する縁日神事と考えられる。

おわりに

ホツマツタヱとの出逢いは、母方のご先祖に関わる縁でした。ホツマと同様に神代文字で記された『上記（ウエツフミ）』は、九州発祥の古代文献です。その編纂者に、ご先祖さまの名前（宇都宮景房）が連なっていることを知り、古代史研究家・吾郷清彦さんの現代訳を読みました。内容もさりながら、私は吾郷氏の研究意欲に惹かれ、同様に本邦初の現代訳を取りまとめた『日本建国史・全訳ホツマツタヱ』を手に入れたのです。

『ホツマツタヱ』をひもとくと、何よりもその五七調の優雅な大和言葉に魅了されました。古社巡りが趣味の私にとって、馴染みの神社が舞台となる物語は、ゴキゲンです。神代の英雄、姫君たちが色鮮やかな物語を紡いでいる一万行の叙事詩は、幽玄な山奥で仙女が奏でる琵琶の音を聴くようなおもむきでした。

当時ご健在だった松本善之助先生に手紙を書いたら、自宅に招いてくださり、ホツマ発見の経緯と、その書が、「現代日本が抱える重大問題への解決の糸口」を啓示し、「日本人の心を甦らせる」教えに満ちていることを、熱心に語って下さいました。

その後、縁があってホツマツタヱを研究する同人誌の編集長を引き受けることになり、多くのホツマ伝承者や研究者の知己を得ることができました。このフトマニ写本の伝来にゆかりのある琵琶湖高島の野々村直大氏や井保國治氏、四国小笠原家につながる小笠原貞宗氏からも、論考をいただきました。

『はじめてのホツマツタヱ』（かざひの文庫）の著者である今村聰夫先生、『甦る古代』シリーズの大著で後進を導かれたミチノク孤高の賢者・千葉富三先生（故人）、『わたしのほつまつたゑ』を同人誌に連載して下さっている神戸の清藤直樹先生、そして前人未踏のデータベース『ほつまつたゑ解読ガイド』をネット上に公開されている越後仙人の駒形一登先生は、ホツマツタヱの大海原へ私を誘う水先案内人です。

思慮深いホツマ研究者や読書人の優れた投稿・論考を整理するだけの編集者であった私が、自らホツマ系文献（ヲシテ文献）最難関書ともいわれる『フトマニ』の解説本を出すことになろうとは、瓢箪から駒です。これもやはり縁であり、同人誌に長らく『フトマニ解読』を連載下さっている平野新吉氏と『迷ったときは〜宮中のフトマニ歌占い』（アマゾン本）を上梓された宮崎貞行氏に謝辞を捧げます。お二人のフトマニ論考の編集と論争に関わったことが、私の無謀な挑戦のきっかけとなりました。

『フトマニ』は、歌占いですが、歌に本質的な意味があるのではなく、本書の裏表紙や23

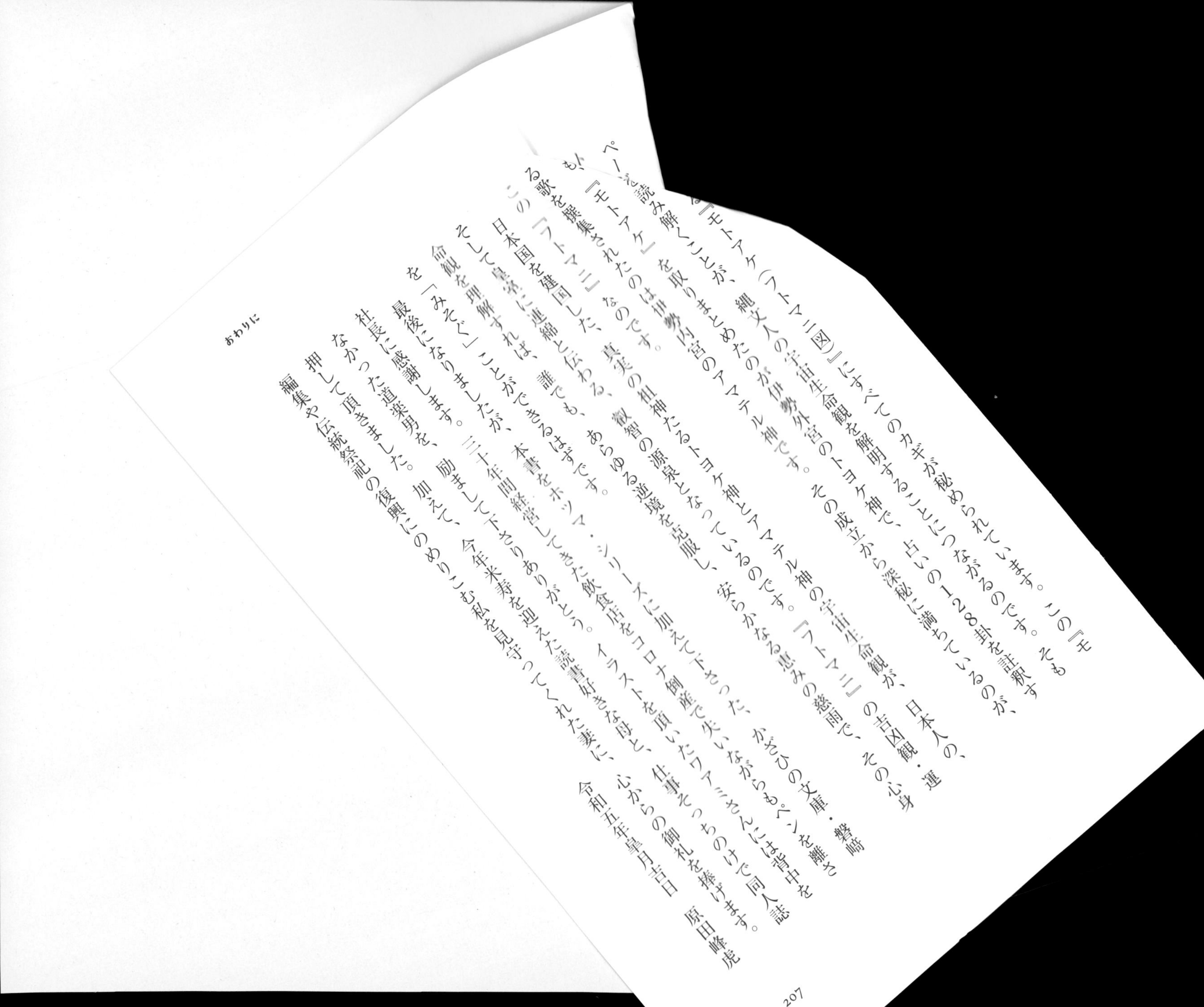

…る『モトアケ(フトマニ図)』にすべてのカギが秘められています。この『モ…読み解くことが、縄文人の宇宙生命観を解明することにつながるのです。そも…も『モトアケ』を取りまとめたのが伊勢外宮のトヨケ神で、占いの128卦を註釈する歌を撰集されたのは伊勢内宮のアマテル神です。その成立から深秘に満ちているのが、この『フトマニ』なのです。

日本国を建国した、真実の祖神たるトヨケ神とアマテル神の宇宙生命観が、日本人の、そして皇室に連綿と伝わる、叡智の源泉となっているのです。『フトマニ』の吉凶観・運命観を理解すれば、誰でも、あらゆる逆境を克服し、安らかなる恵みの慈雨で、その心身を「みそぐ」ことができるはずです。

最後になりましたが、本書をホツマ・シリーズに加えて下さった、かざひの文庫・磐崎社長に感謝します。三十年間経営してきた飲食店をコロナ倒産で失いながらもペンを離さなかった道楽男を、励まして下さりありがとう。イラストを頂いたワアミさんには背中を押して頂きました。加えて、今年米寿を迎えた読書好きな母と、仕事そっちのけで同人誌編集や伝統祭祀の復興にのめりこむ私を見守ってくれた妻に、心からの御礼を捧げます。

令和五年皐月吉日

原田峰虎

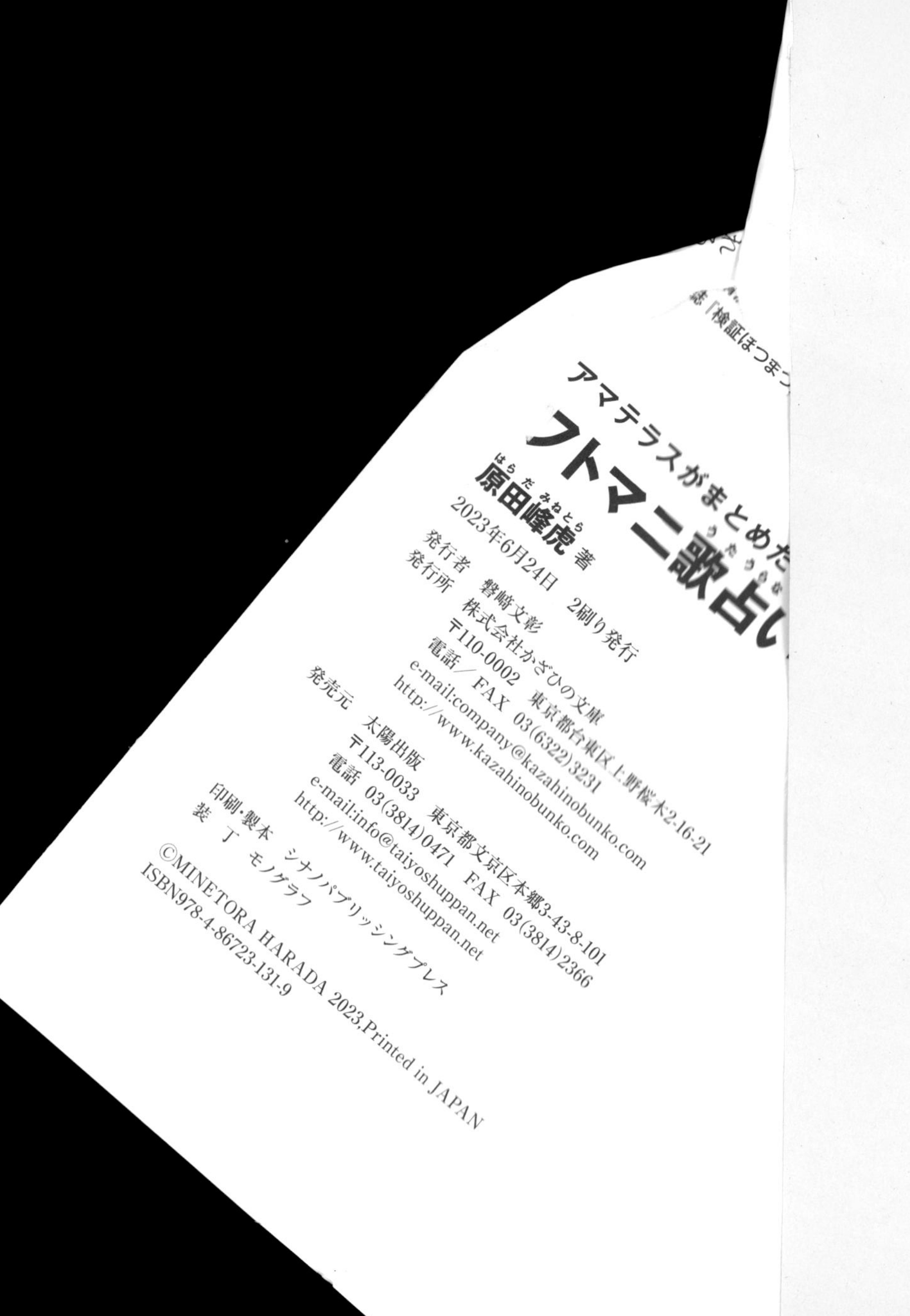

アマテラスがまとめた

フトマニ歌占い

原田峰虎 著

2023年6月24日　2刷り発行

発行者　磐崎文彰
発行所　株式会社かざひの文庫
〒110-0002 東京都台東区上野桜木2-16-21
電話／FAX 03(6322)3231
e-mail:company@kazahinobunko.com
http://www.kazahinobunko.com

発売元　太陽出版
〒113-0033 東京都文京区本郷3-43-8-101
電話 03(3814)0471 FAX 03(3814)2366
e-mail:info@taiyoshuppan.net
http://www.taiyoshuppan.net

印刷・製本　シナノパブリッシングプレス
装　丁　モノグラフ

ISBN978-4-86723-131-9